화가 남궁문의 산티아고 가는 길-겨울

겨울 베짱이

화가 남궁문의 산티아고 가는 길-겨울

겨울 베짱이

남궁문 지음

조형교육

화가 남궁문의 산티아고 가는 길-겨울
겨울 베짱이

지은이 · 남궁문
펴낸이 · 박윤준
편집 · 박은영
전산 · 김성미

펴낸곳 · 조형교육
등록 · 1997년 5월 20일   등록번호 · 제 16-1470호

주소 · 121-829 서울시 마포구 상수동 310-5
전화 · 02-325-0421   팩스 · 02-325-0398
홈페이지 · www.chohyong.co.kr

초판인쇄 · 2008년 9월 5일
초판발행 · 2008년 9월 10일

ISBN 978-89-87578-38-5 04810
ISBN 978-89-87578-36-1 (세트)

값 · 15,000원

ⓒ 2008 남궁문

* 저자와 출판사의 허락 없이 이 책의 내용과 도판을 무단으로 전재하거나
복제할 수 없습니다.

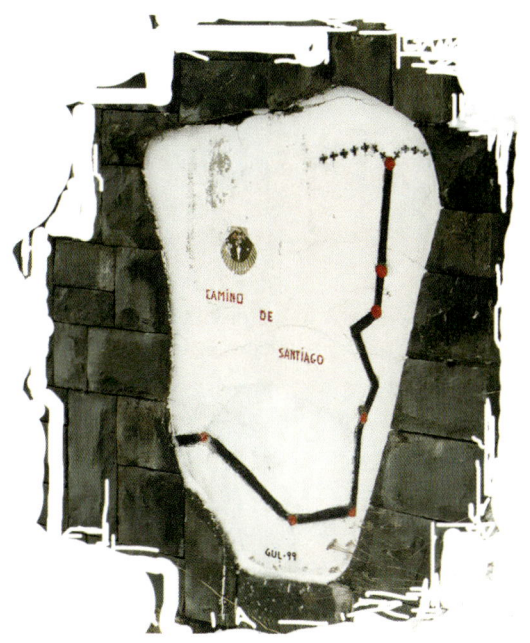

아라곤 코스 출발지 솜뽀르뜨 부근에 있는 '산티아고 가는 길' 지도.

차 례

겨울 길을 시작하며 · 8

1. 악조건 아라곤 지방 하까 주변
시작하기도 전에 · 14
홀로 남아 · 17
이제 출발이다 · 21
인터뷰 · 24
첫 발 · 27
나그네 마음 · 32
관문 하나 · 36
아, 아레스 · 39

2. 꺼지지 않는 희망 아라곤 코스 나바라 지방 남부
꺼지지 않는 희망 · 48
아레스의 선물 · 57
들판 풍경화 · 60
신선 흉내 · 64
혼자 남는 역할 · 68
이별 · 72
스페인에 감사 · 74
다시 만난 천사 · 79

3. 본격적인 여정 프랑스 코스 중 나바라 지방
바람 쐬려고 · 88
마음을 열면… · 90
본격적인 여정 · 94
엉뚱한 여자 B · 99
그라뇽에 가면 하모니카를… · 105
조그만 짐동 · 111

4. 겨울 나그네 라 리오하 지방과 까스띨랴 지방 중 부르고스 주변까지
  겨울 베짱이 · 120
  매일 아침 떠나는 내가… · 124
  그라논에서의 명과 암 · 128
  눈 내리는 저녁 · 140
  또 다른 '베짱이' · 147
  중간 점검 · 153
  눈 내리는 벌판 · 157
  아픈 것도 마음대로 할 수 있다면… · 161
  세상의 방해물 · 164
  여수 · 168

5. 걸을 일 말고는… 까스띨랴 이 레온 지방 중 레온까지
  이심전심? · 174
  지팡이 · 181
  걸을 일 말고는… · 186
  풍경 · 191
  챔피언? · 195

6. 사람 사는 일 레온에서 갈리시아 지방으로
  그리움 · 209
  그렇잖습니까? · 215
  나그네 병 · 218
  순례자? · 220
  적응 · 230
  사람 사는 일 · 236

7. 사람의 향기 갈리시아 지방 산티아고까지
  하찮은 일? · 247
  계절의 변화 · 249
  사람의 향기 · 254
  막바지 동행 · 258
  길을 끝내며 · 295

겨울 길을 시작하며

2001년 여름 '인생이 바뀔 수도 있다'는 아련한 기대감으로 나는 '산티아고 가는 길'을 걸었다. 스페인이란 나라가 낯설지 않았던 나였기에, 큰 탈 없이 두 달 만의 여정으로 그 길을 끝내고 돌아왔는데…

그 길로 떠났던 기대가 커서였을까? 내 인생에도 뭔가 변화의 조짐이 일어나고 있었다. 생각지도 않았던, 내가 그 길에서 그리고 썼던 자료들이 책 출간으로까지 연결되었던 것이다. 길 떠나기 전엔 전혀 상상하지 못했던 일이었기에 어찌 보면 그것도 나에겐 변화라면 큰 변화일 수 있었다. 그런데 변화는 외부적인 것만은 아니었다. 한국에 돌아온 뒤 두어 계절이 바뀌는데도 나는 그 길의 기억에서 헤어 나오지 못하고 있었다. 여전히 그 길을 걷는 꿈을 꾸어대는가 하면, 생활을 하다가 무슨 일이 생겨도 그 일과 연결시키려는 버릇이 자리잡아 갔다. 그리고 또 한 가지, 굳이 불만이라고 볼 수는 없지만 무엇보다도 첫 번째 여정 막바지에 있었던 아쉬움도 수시로 나를 그 길로 다시 떠나야 한다는 풀리지 않은 숙제로 작용하고 있었다.

하필이면 내가 그 길을 걸었던 해가 '성년(聖年)'이었던 데다 또 막바지 여름 휴가를 이용한 순례자들이 한꺼번에 몰려와 길이 붐비면서, 처음에 나를 감탄하게 했던 한적하고 조용했던 아름다운 길에 대한 기억을 희석시켰던 것이다. 그러다 보니 언제라도 기회만 온다면 다시 한번 한가롭게 그 길을 걸어보고 싶다는 욕구가 강하게 자리 잡아갔던 것이다.

그만큼 첫 번째 여정이 내 삶 깊숙이 영향을 끼친 것이라고 할 수밖에 없었다.

그러다가 그 길을 걸은 지 1년 반 만인 2002년 말, 『아름다운 고행 산티아고 가는 길』이란 제목으로 책이 나왔다.

책이 나오면서 내 생활은 급격한 변화를 맞는다. 당시 몇 년 동안 모 대학에 시간을 나가던 나는 책이 출간되자마자 강의를 그만두고 서울을 떠나기로 했다. 그건 책 출간 과정이 힘들었던 이유도 있었지만, 어쩌면 '산티아고 가는 길'에서 새롭게 느꼈던 삶에 대한 가치관(인생)의 변화가 더 큰 이유였는지도 몰랐다. 그 길에서 나는, 삶에 있어서 무엇이 더 소중한 것인지를 다소간 알았다고나 할까? 다른 건 다 그만두고라도, 서울을 떠나 한가롭게 한번 살아보고 싶은 마음 역시 이미 내 소망 중의 하나로 자리매김한 상태였다.

그런데 그것도 필연인지… 때마침 내 고향에서 두어 시간 거리에 있던 섬진강 상류 조그만 마을에 한 친구(은상균: 이번 기회를 이용해 그 친구에게 감사를 드린다.)의 빈 집이 있어서, 나는 친구의 배려로 큰 어려움 없이 시골로 옮겨가 살 수 있었던 것인데… 그건, 최소한 1년 사계(四季)는 시골에서 살아보고 싶다던 내 오랜 꿈을 실현하게 해준 계기가 되었다. 그래서 나는 오랜 바람대로 2003, 1년을 통째로 시골에서 살아보았다. (나는 그걸 '몽상별곡(夢想別曲)'이라고 부른다.)

그렇게 내 시골생활이 시작되자, 의외로 서울의 친구들이나 가까웠던 고향의 지인들이 내가 살던 곳으로 자주 나를 찾아오곤 했는데… 그 해 여름, 스페인에서 친구 둘이 그 시골까지 나를 찾아왔던 적도 있다. 그러다 보니 자연스레 내 지인들과 스페인 친구들이 어울리게 되었고, 그 와중에 서로를 초대하는 상황까지 발전하기도 했다.

그러자 이미 나로 인해 스페인이란 나라에 관심이 많았던 내 지인들이 그곳으로의 여행에 관심을 보이기 시작하면서 나를 졸라대는 바람에, 우리는 몇 달 간의 토론 끝에 바르셀로나 주변 여행 계획을 세우기에 이르렀다. 시기로는 물론 직장생활을 하던 지인들도 설을 낀 연휴를 원했고, 그 여행의 안내자 역할을 맡았던 나 역시 1년의 시골생활을 마감하는 겨울이 안성맞춤이었다. 더구나 첫 번째 그 길을 끝내고 돌아오는 중에 만났던 누군가가 그 길을 겨울에 한번 걸어보라고 권했던 일도 있어서 나는 늘 그런 꿈을 꿔오곤 했는데, 마침내 그 기회가 찾아온 것이었다.

그런데 당시의 내 개인적인 계획은 기왕에 스페인에 가는 김에 지인들이 여행을 끝내고 한국으로 돌아가면 나만 스페인에 남아서 '겨울 산티아고 가는 길'을 하리라는 계산이었다.

그렇게 지인들과의 스페인 여행은, 내 두 번째 '산티아고 가는 길'로 이어졌던 것이다.

악조건

아라곤 지방 하까 주변 *Aragon Jaca*

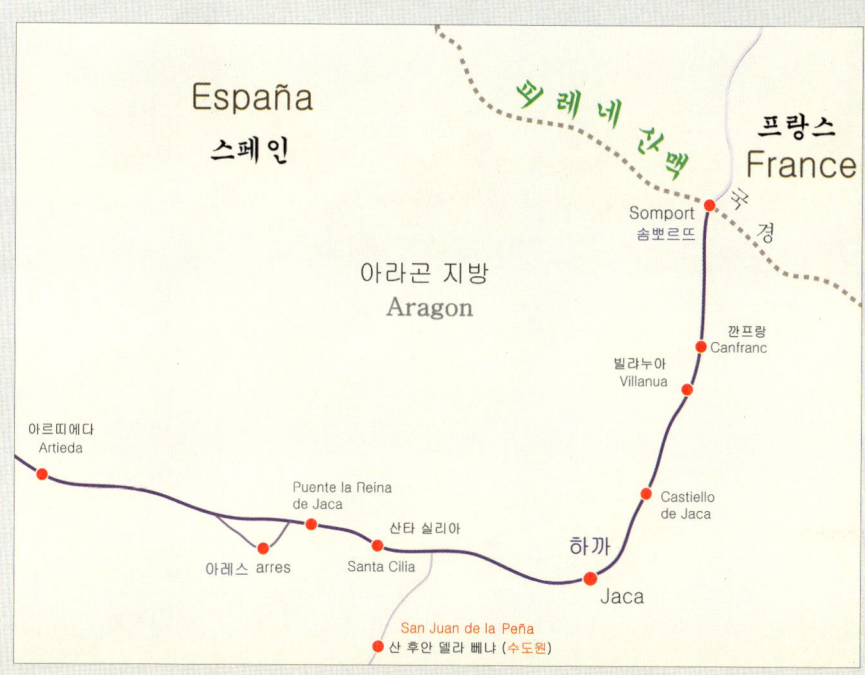

그래, 바로 이 맛이지! 이 기분을 느끼기 위해 내가 다시 이 길로 떠나올 거지.
한가롭다 못해 쓸쓸하기까지 한 겨울 길을…
그제서야 나에게는 이 길을 걷는다는 실감이 온몸으로 느껴지는 것이었다.
어쩐지 이제부터 진짜 나그네가 된 기분이 들던 것이다.

그런데 그게 이상했다. 왜 나는 혼자여야 하고 허허로워야 나그네 기분이 드는 것인지…

시작하기도 전에

당했다.

아니, 어떻게 된 건지 정확히는 모르지만 내 지갑이 없어져버렸다.

길을 걷기 위해 힘들여 준비했던 돈 전부와 한국 돈 몇 만원(나중에 공항에서 집까지 갈 경비)이 들어있던 지갑이 통째로 사라져버렸다.

그러니까 나는 '산티아고 가는 길'을 걷기 앞두고 한 순간에 빈털터리가 된 것이다.

눈앞이 캄캄했다. 그리고 막막함에 치를 떨어야만 했다.

그런데 아직도 모르겠다. 그 돈을 내 스스로 잃어버렸는지 아니면 누군가에 의해 털렸는지… 그래서 곰곰이 생각을 해 보았는데, 아무래도 털린 것 같다. 돈이 든 지갑을 불룩하게 바지 뒤 호주머니에 넣고 다니다가 한 순간, 그것이 없어졌음을 알았기 때문이다. 그래서 당했다는 것이다.

돌이켜 생각해 보면, 도둑에게는 손수건과 함께 뒤 호주머니에 삐죽이 보이던 지갑을 빼가는 건 누워 떡 먹기보다 쉬웠을지도 모른다. 그리고 혹시 내가 차를 타고 다니는 중 지갑이 호주머니에서 미끄러져 나와 떨어졌다면(그 가능성은 희박하다), 누군가 오지게(?) 돈을

바르셀로나 전경 (2004년 1월)

주워갔을 것이다.

처음엔 믿지 않았다. 믿지 않으려고 했다.

지갑을 어디 다른 곳에다 두었겠지. 아니면 같이 왔던 지인들 중 누군가 나를 놀리느라 한쪽에 치워두었을지도 몰라… 그런 착각에 빠지기도 했다. 아니, 일부러라도 그런 착각 속에 빠지고 싶었다. 그러나 그건 돌이킬 수 없는 엄연한 사실이었다.

다 내 잘못이다. 돈을 그토록 허술하게 간수했던 결과니까, 내가 도둑의 소굴일 수도 있는 바르셀로나의 관광지를 지인들을 데리고 활보하고 다녔으니까…

후회를 했다. 내 탓이다. 다 내 탓이다…

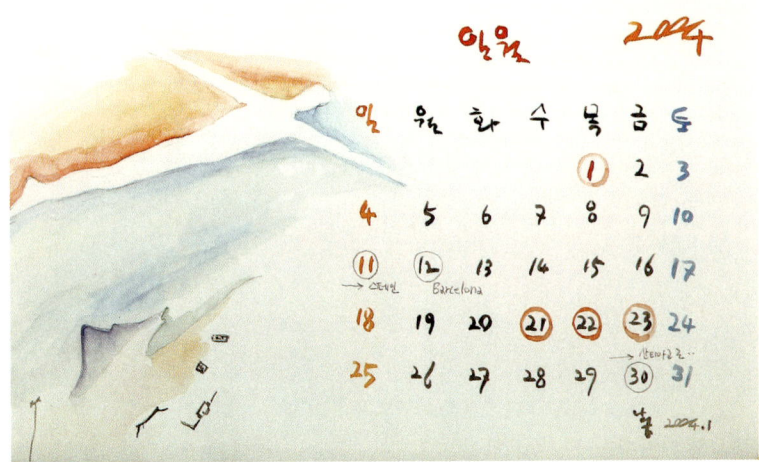

2004년 1월 달력, 수채

그리고 이제 와서 그게 무슨 소용이랴만, 그 사이에도 그 돈을 다른 곳에 옮겨놓아야겠다는 생각을 안 했던 건 아니다. 그럼에도 불구하고 스페인 여행을 같이 왔던 지인들에게 신경을 써야 하는 관계로(핑계일 수밖에 없겠지만) 후딱 실행에 옮기지 못했던 것인데, 그게 이렇게 심각한 결과로 이어질 줄은 몰랐던 것이다. 이제 어떡한단 말인가.

그렇다고 다른 사람들 앞에서 하늘이 꺼져라 걱정만 하고 있을 수도 없는 노릇이었다. 미덥지 못한 내 모습을 보여주는 것도 싫었지만, 여행의 책임을 맡았던 내가 흔들리면 그들의 여행이 망칠지도 몰라서였다. 그래서 나는 혼자 속으로만 끙끙 앓으면서 지인들의 관광안내 역할을 수행해야만 했다. 공과 사는 구별해야만 했으니까.

홀로 남아

I

그들은 돌아갔다. 열흘 여 바르셀로나 주변 몇 군데 여행을 끝내고.

무슨 일인지 오늘 아침 나는 심한 변비 때문에 화장실을 몇 번을 들락거렸는지 모른다. 화장실에 갈 때마다 얼마나 힘을 주었던지 아직도 골까지 지끈지끈하다. 그러니 아침 내내 기분이 말이 아니었다. 게다가 그들의 돌아가느라 가방을 챙기고 부산하게 움직이는 모습을 바라보는 내 심정은 더욱 착잡하기만 했다.

지난 몇 달을 걸쳐 준비하고 기대했던 이번 여행을 하면서 그들은 즐거워도 했고 여럿이 같이 다니느라 약간의 갈등도 없지 않았지만, 오랜 친구 사이라 별 탈 없이 여행을 마쳤던 것 같다. 그리고 오늘, 만족스런 표정으로 돌아가는 모습이었다.

그들 모두가 공항 탑승구로 들어가는 걸 보면서, 나는 한편으론 이번 여행의 책임자로서의 부담에서 벗어나는 홀가분함도 없지 않았다. 그렇지만 그 보다는 나만 혼자 남게 된다는 허전함과 외로움이 더 크게 온몸을 감싸왔다. 그것도 지갑을 잃어버린 뒤끝이라, 한쪽 가슴에 구멍이 뻥 뚫린 채로.

그렇게 그들과 어정쩡한 작별 인사를 하고 공항 계단을 내려오는데, 한꺼번에 긴장이 좍 풀리면서 현기증이 나기도 했다.
"어디로 갈까요?"
그들을 배웅 차 나왔던 바르셀로나에 사는 한국인 친구 J가 물었을 때에야 정신이 드는 것 같았다. 그런데도 나는 아무 생각도 없었다.
"글쎄. 어디로 가지?"
애매한 대답을 했다.
정말, 어디로 간다지? 아, 나는 어디로 가야 하나?
'산티아고 가는 길?'

II

바르셀로나 시내에서 볼일을 보다가 숙소(J의 집)에 돌아가려고 무심코 지하철에 올랐다. 얼만가를 가는데, 뭔가 느낌이 이상했다.

그랬다. 내가 반대 방향으로 가고 있었던 것이다.
그건 한국에서도 이따금 있는 일이라, 그러려니 했다.
그래서 다음 정거장에서 내려 반대편 플랫폼으로 건너갔다.
몇 사람의 승객이 차를 기다리고 있는 지하철 역은 횅하니 빈 것 같았다. 그런데 때마침 스피커에선 기타음악 〈아스뚜리아스(Asturias)〉

바르셀로나 풍경

가 흘러나오고 있었다. 내가 좋아하는 음악이라 반갑긴 했는데, 반복적으로 이어지는 리드미컬한 도입부분의 반주가 오늘따라 야릇하게 내 마음 속으로 파고들었다. 그래서 벽에 몸을 약간 기대 선 채 듣고 있었다. 리듬 따라 고개를 조금씩 움직이면서…

그러다…

제대로 갔다면 지금쯤은 목적지에 이미 닿아있을 시간인데 하는 생각이 드는가 싶었는데,

갑자기 밑도 끝도 없는 서글픔이 내 온몸을 휩쓸듯이 파고들어왔다. 아찔했다.

문득, 생뚱맞게도 그림을 그리고 싶다는 생각도 들었다.

그때, 레일 울리는 소리가 들리더니 곧 이어 전동차가 점점 크게 다가왔다.

저 차를 타야 하나? 지금 내가 가려는 곳은 어디인가?

전동차가 멈추면서 많지 않은 사람들이 내리고 타는 모습이 눈에 들어왔다.

'아, 나는 지금 어디로 가려 하는가? 저 차를 타야 하는데… 저 차를 타서 무엇 하나?'

하다가, 차의 자동문이 닫히는 것을 그대로 보고 서 있었다.

그렇게 요란한 굉음을 내며 차는 떠나갔다.

그리고 아직도 차 소리는 들려오는데, 이제 그 음악도 끝나 가는데…

나는 정말, 이 세상에선 갈 곳이란 아무데도 없는 사람 같았다.

외국에서…

바르셀로나의 라 보께리아 시장

이제 출발이다

이제 떠날 준비가 끝났다.

잡다하게 필요했던 물품들은 바르셀로나 시내의 '모두 1유로(Euro)' 상점에서 손쉽고 싸게 구입해 놓았다. 그런데 조금씩 늘어난 짐이 만만치가 않아서 어떤 것은 버리고 또 어떤 것은 J의 집에 남겨놓아야만 했다.

우선, 가장 걱정스러운 건 물가다. 그 사이 스페인은 뻬세따(Pst)에서 유로로 화폐 단위가 바뀌어 지난번 왔을 때에 비해선 물건 값이 너무 많이 올라 있었던 것이다. 그리고 추운 날씨도 상당한 부담으로 작용하고 있다. 올 따라 특히 춥다고도 하고, 스페인 사람들마저도 겨울 길을 떠나려는 나를 말리는 등, 생각해 보면 악조건 투성이다.

그렇지만 이제 나는 떠날 준비가 다 되어 있다. 그리고 떠나야만 한다.

지갑을 잃어버려서 길 떠나는 걸 포기할 생각도 했었다. 그렇지만 아무리 생각해도 그럴 순 없었다.

하루 이틀 놀러가는 게 아니고 이 멀리까지 쉽게 결정해서 온 길이 아니기 때문에 더욱 포기할 순 없었다. 어떻게 떠나온 길인데…

그나마 내가 이렇게 떠날 여비를 마련할 수 있었던 것은, 이미 작년에 내 스페인 친구의 부탁으로 한국에서 물건을 사 보내주었던 돈을 회수했고, 이번에 오는 길에도 한국 친구 둘이 사다 달라던 물건이 있었는데 그 값도 받아 아쉬운 대로 어느 정도는 버틸 수 있는 여비가 돼 주었다.

그리고 '여까지 왔는데 어떻게 그냥 돌아가느냐?'며 나머지는 자기가 보태주겠다면서 일단은 당장 필요한 돈만 가지고 산티아고로 출발을 하라는 J의 격려가 컸다. 그는 딸내미 휴대전화도 건네주면서, 애가 잘 사용하지 않는 것이니 여행 중에 갖고 다니면서 상호 연락을 하자고 했다. 그리고 그렇게 돈을 잃어버린 내가 미덥지 못했던지, 자신이 사용하는 여분의 신용카드를 나에게 빌려주면서 일정량의 돈을 넣어둘 테니 길을 걷다가 중간 중간에 필요한 액수만 찾아 쓰라는 배려도 힘이 돼 주었다.

'그래, 일단 출발은 하자. 그리고 나중에 한국에 돌아간 뒤에 돈을 갚는 방법을 찾아 보자. 어차피 넉넉할 순 없는 처지니, 최대한 아껴 쓰면서 가자.'고 내 스스로 굳게 다짐도 해둔 상태다.

그럼에도 불구하고 나는 여전히 불안하기만 했다. 고생길로 접어드는 게 걱정스러웠던 것이다.

그렇지만 그리 쉽게만 살려면 애당초 이런 여행을 어찌 감행하려 했겠는가?

무엇보다도 나는 이 길의 좋은 마력(?)을 이미 경험을 통해서 알고 있다. 비록 추운 겨울 길이지만, 그래서 모험이 될 것이지만, 모험을

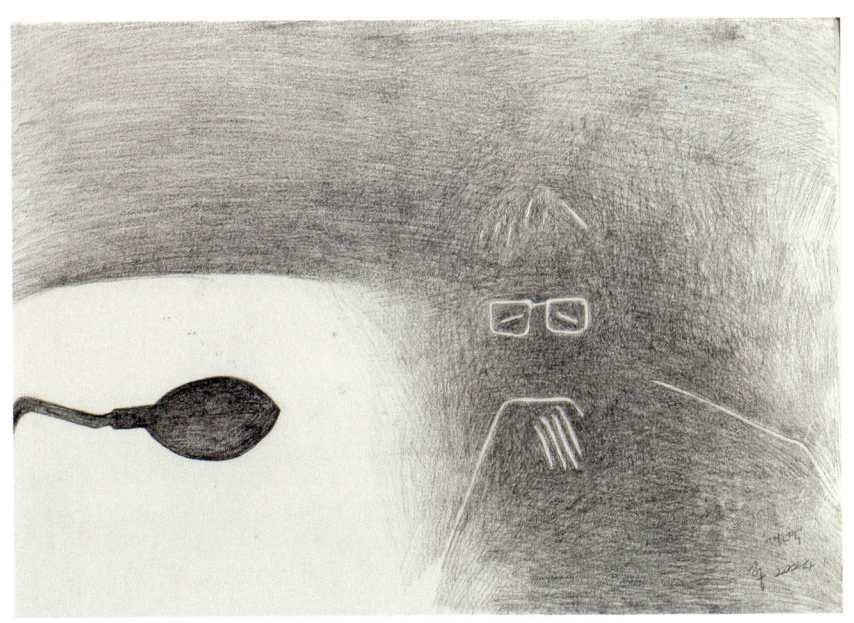

〈새벽〉, 2004, 연필

감행하지 않는다면 아무것도 얻을 수가 없다는 것도 알고 있다. (내가 뭔가를 얻기 위해 이 길로 떠나 온 것인가? 아무튼…)

그래, 길에 나를 맡기자. 일단 떠나는 거다.

인터뷰

 오늘 바르셀로나에서 버스를 타고 아라곤 지방의 하까(Jaca)에 도착했다.
 여기서 하룻밤을 자고 내일 아침에 피레네 산맥의 출발지 솜뽀르뜨(Somport)에 간 다음, 거기서부터 걷기를 시작할 예정이다. 그래서 오늘은 하까 알베르게에서 신세를 질 수밖에 없었는데, 아직 걷기를 시작하기 전날 밤에 나에겐 뜻밖의 일 하나가 벌어졌다.
 알베르게에서 쉬고 있는데 갑자기 숙소 관리자가 방으로 들어오더니 이곳 신문기자 하나가 '하꼬베오(聖年) 2004'를 맞아 연초에 오는 순례자를 취재하러 왔다며, 나에게 소개를 하는 것이었다.
 예고도 없던 일이어서, 나는 잠깐 인터뷰에 응할 것인가 말 것인가를 생각해 보았다. 지난번(2001년) 로그로뇨(Logroño)에서는, 신문기자의 간곡한 부탁을 받았는데도 인터뷰를 거절했던 나 아니었던가.
 그렇지만 이번에는 순순히 인터뷰에 응해주었다. 아니, 별로 생각할 틈도 없이 내 앞에 선 신문기자의 말에 이끌려 대답을 해주기 시작했는데, 그게 바로 인터뷰였다.
 우선 한국 사람이 어떻게 스페인어를 그렇게 잘 하느냐고 물었다. 그래서 한 10년 전쯤 스페인에서 살았다고 말하자, 그럼 어떻게 이 길을 알게 되었냐고 다시 물어왔다. 내 스페인 친구 호아낀 얘기를 꺼낼 수밖에 없었다. 이번이 두 번째라는 말을 들은 기자는 왜 이 추운 겨울에 왔느냐고, 이 길은 나에게 무슨 의미가 있느냐고… 등등을 물어왔다.

1년 쯤 전에 내 책 『아름다운 고행 산티아고 가는 길』이 나왔는데, 당시에는 내 스페인 친구들에게 책을 부쳐주지 못했었다. 그들이 책의 내용을 이해할 수 없는 데다, 무게 때문에 일일이 항공우편으로 부칠 비용 또한 무시할 수 없어서였다. 그렇다고 스페인에 관한 책을 내놓고도 내 스페인 친구들에게 모른 척하고 넘길 수는 없었다. 그리고 그래서도 안 될 것이었다. 그래서 이번에 오면서 나는 그 길과 관계된 몇몇 스페인 친구들을 위해 책을 가져왔다. 그렇게 바르셀로나에 머문 요 며칠 사이 스페인 친구들에게 책을 전해주게 되었는데, 책이 나온 지 1년도 더 지난 뒤였다.

그런 와중에 한 스페인 친구는, 기왕에 내가 이 길을 다시 걸을 거라면 잊지 말고 책을 한두 권 가지고 다니면서, 기회 있을 때마다 다른 사람들에게 내 책을 보여주라는 제안을 했다. 가만히 듣고 보니 그 말에도 일리가 있는 것 같아, 혹시 인터뷰할 가능성이 있으면(지난번에도 그랬으니까) 일부러 거부하지는 말자는 생각을 해 두긴 했었다. 그렇지만 이렇게 아직 걷기도 시작하기 전날 밤에 엉겁결에 신문에 인터뷰까지 해서 내 모습이 신문지상에 실리게 될 것까지는 예상하지 못했던 것이다.

첫 번째와는 달라진 내 모습이다.

나중에 받아 본 당시의 신문에 난 내 모습

신문기자는 모든 대화내용을 녹음했고 사진도 찍었다.

그런데 내 기사는 2-3일 후에나 나온다고 했다. 그렇지만 그때 나는 이미 다른 곳을 걷고 있을 것이라 어떻게 신문을 볼 수 있겠느냐고 물었더니, 스페인 내에 누구라도 좋으니 아는 친구의 주소를 적어달라기에 바르셀로나에 있는 J의 주소를 적어주었다. 기자는 거기로 신문 두 부를 부쳐주겠으니, 나중에 이 길을 끝내고 돌아가서 받아보라고 했다.

* 하꼬베오 2004 (Jacobeo 2004): 스페인에서는 성 야꼽(산티아고)이 묻혀 있는 산티아고 순례의 행사에 주기적으로 '성년(聖年)'을 선포하는데, 여기에는 기준이 있다고 한다. 그 성인이 죽은 날인 7월 25일이 일요일과 겹치는 해가 바로 성년이 된다는 것이다. '하꼬베오 2004'는 2004년 7월 25일이 일요일이어서, 2004년을 성년으로 지정 기념하는 것이다. 그렇게 되면 다음 성년은 앞으로 11년 후가 된다고 한다.

내가 첫 번째 걷던 해(2002)도 성년이었는데, 공교롭게 올해도 성년이라던 것이다. 물론 나는 성년인 줄도 모르고 갔었다.

첫 발

드디어 피레네 산맥의 솜뽀르뜨에서 겨울 산티아고 여정의 첫 발을 내딛었다.

하까를 출발하여 눈길을 올라온 버스에서 내리자마자 나는 우선 솜뽀르뜨의 사설 알베르게에 들러 직인부터 받았다. 그리고 거기서 만났던 관광객으로 보이는 프랑스인에게 부탁하여 출발하는 기념사진도 찍었다. 어쩐지 그러고 싶어서, 지난번 첫 번째 출발하던 모습을 기억하면서 가능하면 똑같은 위치에서 똑같은 포즈로…

그런데 조금 전 버스를 타고 올라오면서는, 첫 번째처럼 숲길로 해서 걸어 내려가리라고 마음을 먹었었는데, 그건 불가능한 일이었다. 아니, 자살행위였다. 눈에 파묻힌 아무도 가지 않는 산중 길을 내가 무슨 수로 내려갈 수 있겠는가. 어쩌면 며칠 내로 이 지역 신문에, 한 동양인이 눈 속에서 조난을 당했다는 기사가 날 것이었다. 그래서 생각하고 말 것도 없이 바로 아스팔트길로 걸어 내려오기 시작했다.

도로는 염화칼슘을 뿌려 말끔하게 녹아있었지만 1640m의 그 주변은 그야말로 눈 세상이었다. 게다가 겨울이라 아무도 없을 줄 알았던 이곳은 많은 차량과 엄청난 관광객들로 붐비고 있었다. 그건 첫 발을 시작하려는 나에겐 썩 기분 좋은 일은 아니었다.

지난번엔 여름이었어도 한산했는데…

그래서 생각해 보니 어째, 이번은 여러 가지로 조짐이 이상했다. 바르셀로나에선 지갑을 잃어버리지를 않나, 또 어젯밤엔 생각지도 않았던 인터뷰를 하지 않나, 여기에 오니 또 이렇게 스키 관광객들로 난리법석이질 않나, 곳곳에서 뭔가 내 예상과는 빗나가는 일들이 벌어지고 있는 것이다.

게다가 하필이면 주말이어서 내려가는 도로는 주차장을 방불케 했고, 여전히 많은 차량들이 관광객들을 실어나르고 있었다. 나야 애당초 스키와는 관계가 없는 사람인데다 지금도 그들과는 영 다른 무거운 배낭을 짊어지고 겨울 길을 걸어가는 순례자의 모습 아니겠는가. 그런데 오히려 그런 내 모습이 화려한 복장의 그들보다 더 튀어 보였나 보았다. 아스팔트 한쪽 길로 걸어 내려오는 나에게 줄지어 리프트를 타려고 서 있던 사람들의 시선이 한꺼번에 쏟아지던 것이었다. 나는 그게 퍽 불편했다. 내가 동물원의 원숭이도 아니고…

그렇지만 그들이 나를 이상한 시선으로 바라보는 것처럼, 나도 그들이 내 세상 밖의 전혀 무관한 사람들로 보이긴 했다. 그러니, 지난번 같은 길을 출발한 첫 날의 설레는 느낌이나 감동은 생각할 수조차 없었다. 그건 고사하고라도, 계속 아스팔트길로 내려오다 보니 달리는 차를 피해야만 했고 이따금 길가에 남아있던 눈에 미끄러지지 않기 위해 초긴장 상태로 길을 내려올 수밖에 없었다.

이거, 첫날부터 왜 이런 거야?

감동까지는 아니더라도 오늘은 매우 불안한 상태로, 뭔가 싱겁거나

출발 모습

산만해서 짜증스럽기까지 했다.

그뿐만 아니라 그 이후로도 첫날의 여정은 계속 힘들게 이어지는데…

지난번에는 숲길을 걸으며 지팡이를 만들어 준 프랑스인을 만나는 등의 운 좋았던 출발에 반해, 이번에는 딱딱한 아스팔트길로 걸어 내려오다 보니 무엇보다도 발바닥이 아파왔다. 게다가 변화무쌍한 산중 날씨는 우중충한 비가 섞인 진눈깨비로 이어져, 얼마 되지 않아 몸도 젖고 말았다. 그래서 일찍 쉴 생각으로 하까 시와 출발지 솜뽀르뜨의 중간쯤에 있는 사설 알베르게로 갔는데, 스키 철인데다 하필이면 토요일이어서 잠자리는 이미 며칠 전부터 예약이 끝나 있었다고 했다.

난감했다. 몸이 흠뻑 젖은 데다 첫날의 무거운 짐 때문에 지쳐 있어서 '호텔에라도 들어가 자야 하나?' 생각도 해봤는데, 나는 이내 포기하고 말았다. 그 가격이 나에겐 터무니없었기 때문이다. 바르셀로나에서 지갑까지 잃어버린 내가 첫 날부터 그것도 바가지요금으로 호텔 독방을 쓴다는 게 엄두가 나질 않았던 것이다. 그래서 이를 악물고 (?) 하까까지 걷자고 마음을 바꾸어 먹었다.

그런데 거기서 17km 정도 남은 하까 시는 또, 왜 그리 멀던지…
겨울인데다 산중이라 해는 일찍 떨어졌고, 아무리 안내서가 있었다지만 외국 땅의 밤길을 찾아간다는 건 일종의 모험이기도 했다. 아니, 그런 걸 다 떠나서 날이 저물면서는 화살표가 보이질 않아, 무엇보다도 겁부터 나는 것이었다.

〈눈 산이 구름을 어둡게 한다〉, 2004, 수채

그래서 하는 수 없이 아스팔트길을 택할 수밖에 없었다. 어차피 목적지는 하까 시고, 길은 거기로 이어질 테니까. 그리고 어둠이 밀려오니 힘은 들어도 한쪽에 앉아 쉴 수조차 없었다. 어깨는 아파 조여오다 못해 빠개질 것 같은데 딱딱한 아스팔트길을 걷자니 발바닥마저 쥐가 날 지경이었다. 게다가 차들은 또 얼마나 쌩쌩 달리는지 차들이 지나갈 때마다 무거운 내 몸은 휘청거리기까지 했다.

그러다가 저만치에 하까 도심의 불빛이 보였는데, 그러고서도 도시는 도무지 가까워지질 않았다.

아, 첫날부터 왜 이러는 것인가?

출발지 솜뽀르뜨에서부터 예상이 빗나가더니 정말 하루 종일 아니 밤까지 일이 꼬이고 있었던 것이다.

나는 혼자 짜증도 냈다. 당장 길을 때려치고 싶은 마음도 들었다.

그렇지만 이 길을 누가 시켜서 왔던가? 돈까지 잃어버려 포기해야 할 어려운 상황이었는데도 극구 이렇게까지 떠나왔던 나 아니었던가.

나는 내 스스로에게 불평을 늘어놓을 구실마저 없었다.

그렇게 밤 아홉 시가 넘어 하까 알베르게에 도착했다. 나는 기진맥진해 있었다.

이미 알베르게 관리자는 퇴근한 뒤였고, 마침 두 명인가 내일 아침 하까에서 출발한다는 순례자들이 문을 열어 줘서 알베르게에 들어올 수 있었다.

그나마 다행스러웠던 건 그 힘든 여정에도 발바닥에 물집이 잡히지 않았다는 것이다.

나그네 마음

 알베르게를 나서다가 간밤에 같이 묵었던 스페인 사람과 자연스럽게 동행이 되었다.
 그런데 그는 동양 사람인 나에게 깊은 관심을 갖고 줄곧 질문을 퍼부어댔다. 늘 그렇듯, 어떻게 이 길을 왔느냐, 어떻게 스페인어를 할 줄 아느냐, 이 추운데 겁이 나지는 않느냐… 그런 물음이었는데, 그의 일방적인 질문에 답을 해주는 사이 우리는 하까 시내를 빠져나오고 있었다.
 오늘은 날씨가 좋을 듯 하늘도 개어가고 있었는데, 언뜻 뒤를 돌아보니 피레네의 눈 덮인 산들이 아침 햇살을 받아 반짝 빛나고 있었다. 내가 탄성을 지르며 카메라를 꺼내 사진을 찍자 그도 나를 따라 셔터를 몇 번인가 눌러댔다.
 그렇게 걷다 보니 그와 나는 걷는 속도에 차이가 있었다. 어제 첫날 일정을 힘들게 보내기도 했거니와 바쁠 것 없던 나는 천천히 걸었지만, 직업 군인이라는 그는 서두르는 눈치였다. 그런데 알고 보니, 그는 주말을 이용해서 1박 2일의 초미니 코스로 이 길을 떠나왔다는 것 아닌가.
 아니, 최소한 2-3 일도 아닌 단 하루라고? 나에겐 좀 의외였다. 그

피레네의 겨울 풍경

는 이번엔 그저 이 길의 맛을 느껴보려고 시험 삼아 왔고 조만간에 또 오리라는 것이었다. 하기야 사람마다 자기 상황에 따라서 오는 것이니 그럴 수도 있겠다 싶었다. 그래서 그는 가능하면 오늘 조금이라도 많이 걸은 다음 오후에는 서둘러 사라고사(Zaragoza: 여기 아라곤 지방의 주도)로 돌아가야 한다고 했다.

어쩐지 뭔가 좀 싱거운 것 같기는 했지만, 우리는 그쯤에서 헤어져야만 했다.

좋은 사람 같았는데 만나자마자 이별이었다. 하기야 이 길을 걷다 보면 그럴 일이 어디 이뿐이랴? 아무튼 처음 동행이 되었던 그와 헤어지는 게 조금 서운하긴 했다.

악조건 **33**

산티아고까지 건강한 몸으로 잘 가라는 인사(부엔 까미노! (Buen Camino!))를 남기고 그가 먼저 떠나갔다.

그렇게 그가 멀어지는 걸 보면서 천천히 걷다 보니, 길가에 벤치가 있어서 멈춰 앉았다. 아직 아침밥도 먹지 않았기 때문에 배가 고파 배낭에서 먹을 걸 꺼내 간단히 요기를 하고 있는데 한 줄기 바람이 불어왔다. 그러자 바로 손이 시려왔고 이어서 몸에서도 한기가 느껴졌다. 겨울 길이란 실감이 들었다. 어제는 눈길을 내려오면서도 이렇게 춥다는 생각은 하지 않았는데…

그래서 얼른 배낭을 다시 짊어지고 걷기 시작했다.

어제 내린 비로 땅은 촉촉했고 갠 하늘은 깨끗하고 맑았다. 이따금 불어오는 바람은 차가웠지만 그래도 시간이 지나면서 등 뒤로 비치는 햇살은 점점 따사로워지고 있었다.

문득, 가슴이 부풀어오르는 것 같더니 행복한 것 같기도 했다.

그런데 그것도 잠시, '아, 지금 이 길을 나 혼자 걸어가고 있구나.' 하는 생각이 들면서 내 마음이 스산해지는 것 같았다. 그리고는 허허롭기까지 하는 것이었다.

그래, 바로 이 맛이지! 이 기분을 느끼기 위해 내가 다시 이 길로 떠나온 거지… 한가롭다 못해 쓸쓸하

앞뒤로 가방을 멘 모습

기까지 한 겨울 길을…

그제서야 나에게는 이 길을 걷는다는 실감이 온몸으로 느껴지는 것이었다. 어쩐지 이제부터 진짜 나그네가 된 기분이 들던 것이다.

그런데 그게 이상했다.

왜 나는 혼자여야 하고 허허로워야 나그네 기분이 드는 것인지…

편지

관문 하나

아이 차거워라! 아이 차!

나는 허겁스럽게 비명을 지르듯 소리를 질러댔습니다.

아무도 없는 숲속의 개울을 건너던 참이었거든요.

숲길을 가다보니 개울 하나가 턱 가로막고 있는데 폭으로 보면 채 5미터가 될까 말까 했거든요? 그런데 어제 내린 비로 물이 가득 불어나 있어서 신발과 양말까지를 벗어 들고 바짓가랑이도 무릎까지 걷어 올려야만 건널 수 있었습니다. 이 겨울에… 그래서 조심스레 흐르는 물 속에 발을

얼음 같던 개울

디뎠는데, 어찌나 차갑던지…

발이 얼어붙는 것 같았습니다. 차갑다 못해 아려왔습니다.

게다가 물살은 또 어찌나 센지, 자꾸만 미끄러질 것 같아서 몸의 균형을 잡느라 한쪽 손에 들려있던 지팡이를 냇물 바닥에 있는 힘껏 짚어야만 했습니다. 등에는 무거운 배낭이, 그리고 손에는 덕지덕지 진흙이 달라붙은 신발이 들려있어서 기우뚱 기우뚱 중심 잡기도 쉽지 않았습니다.

빨리 저 기슭까지 가야 하는데…

마음은 바빠 죽겠는데 바닥에 깔린 미끈거리는 물이끼 때문에 발을 빨리 뗄 수도 없었습니다.

그렇게 몇 발짝을 떼긴 했는데 어찌나 발이 시리고 아려오던지, 얼른 다시 돌아가고 싶어지는 것이었습니다. 그래서 뒤를 돌아보니 앞으로나 뒤로나, 거기서 거기였습니다. 그러니 할 수 있습니까? 이를 악물고 앞쪽

개울을 다 건넌 뒤, 배낭을 내팽개치고…

편지

으로 갈 수밖에요.

　이제는 신음소리까지 나오고 있었습니다.

　그런데 이러다가 넘어지기라도 한다면? 하는 생각이 들었습니다.

　그건 상상조차 하기 싫은 일이었습니다. 그러니 정신 바짝 차리고 발에도 힘을 주어야만 했습니다.

　아, 그 몇 발짝이 왜 그리 멀던지…

　그렇게 냇물을 건너 낙엽 쌓인 기슭에 발을 딛는 순간, 마치 언 발을 아랫목에 들이미는 느낌이었습니다.

　후유- 한숨이 다 나오더라구요.

　그래서 배낭을 내려놓고는 물에 젖은 발을 바짓가랑이에 쓱쓱 문질러 닦고(걷다 보면 마를 것이니까), 쭈그리고 앉아 양말을 신으면서는… 피식! 웃음이 나오더군요.

　비록 그 모습을 아무도 본 사람은 없었지만, 개울을 건너며 내가 너무 허겁을 떤 것 같아서요.

아, 아레스!

그동안 줄곧 나는 아레스(Arres)에 가는 길을 그려왔다.

어젯밤에 머문 산타 실리아(Santa Cilia)를 나서면서 아스팔트 국도와 나란한, 그러면서도 조금 지루한 길을 걸으면서부터, 아니 이번 길을 시작한 하까에서부터, 그보다도 전 한국에서 이 길을 준비하면서부터…

오늘은 10여 km의 여정이고 또 그 목적지가 아레스였기에 아침부터 들떠 있었다. 더구나 이번엔 하까에서 아레스까지의 여정 중간에 있는 산타 실리아에서 하룻밤을 묵었기 때문에 발걸음도 가벼웠지만, 아레스에서는 저녁식사도 대접한다고 가이드북에 나와 있어서(이미 나는 그런 경험이 있었던지라) 정말 느긋하게 이 길을 즐기면서 걷고 있었다.

지난번엔 하까에서 아레스까지 하루에 30여 km가 되는 길을 걸어가느라 꽤나 힘든 여정이었지. 정말, 끝이 없을 것 같던 산 능선 길을 굽이굽이 돌아 한 발짝도 더 걸을 수 없을 것 같던 지친 몸으로 도착했던 마을이었는데, 거기엔 내 발을 씻어줄 여인 마리 루스가 기다리고 있었지.

그 기억만으로도 나는 너무나 푸근한 마음으로, 그 전 마을인 뿌엔떼 라 레이나 데 하까(Puente la Reina de Jaca)는 다리도 건너지 않고 아레스 방향으로 지나쳐버렸다.

그때, 한 푯말이 보였다.

이정표

'Arres(아레스) 3km, Artieda(아르띠에다) 20km'

그 이정표를 보는 순간, 이제 아레스에 다 도착한 것처럼 설레는 마음으로 사진으로라도 남겨두고 싶어서 카메라 셔터를 눌렀다.

그런데 뒤에 보이던 아레스 안내판엔 뭔가 하얀 종이가 붙어있는 게 아닌가. '저게 뭐지?' 하면서, 어차피 그 길로 접어드는 코스라 그쪽으로 갔는데, '아레스 알베르게는 문이 닫혔음(Albergue esta cerrado)'이라고 적혀 있는 것이었다.

아니, 이럴 수가!

순간 멍해진 나에겐, 그동안 간직하고 있던 꿈 하나가 산산이 깨지고 있었다.

내 '산티아고 가는 길'의 가장 아름다운 기억 중의 하나가 바로 아레스였는데… 내가 군이 이 아라곤 코스로 돌아가는 이유 중의 가장 중요한 일이 아레스를 거쳐 가는 일이었는데, 문을 닫아버렸다니… 말도 안 되는 일이었다.

아레스 알베르게는 문이 닫혔음.

실망은 아쉬움으로 그리고 절망으로 바뀌면서 바로 불만으로 이어졌다.

도대체 왜?

어찌해야 할지, 한심했다.

그렇다면 여기서 20km를 더 걸어 아르띠에다까지 가야 한단 말인가?

어째, 비참하다는 생각까지 들었다.

아무리 그렇다고는 해도, 나는 아레스를 그냥 지나칠 수가 없었다. 비록 마음 한 구석이 꺼져가고 있었지만, 한숨을 쉬면서도 나는 산 능선 길을 타기 시작했다. 어쩐지 그래야 할 것만 같았다. 내 두 눈으로 확인이라도 하고 싶어서였다.

그렇다면 나에게 세족식을 해 주었던 그 여인 마리 루스는 어디로 갔단 말인가?

오늘도 이 길의 풍광은 여전히 아름답기만 한데, 발걸음을 떼면서도 내 다리에서는 힘이 죽 빠져가고 있었다. 신바람나게 걷고 있어야 할 이 길이 아마득한 안타까움만 가득한 상태로 바뀌어 있었던 것이다.

그렇게 산 능선 길을 가다가 문득, 하모니카가 불고 싶어졌다.

길을 멈춰 마른 풀을 골라 자리를 피고는 하모니카를 꺼내 불기 시작했다.

그렇게라도 해야 내 허전한 마음을 조금이나마 달랠 수 있을 것 같았다. 정말 그렇게라도 하지 않는다면, 어쩐지 분하고 억울한 마음마

아레스 마을로 가는 산 능선

저 이는 내 여정이 너무 비참할 것 같아서였다.

〈바람〉을 불었다.
저 멀리 피레네 산봉우리의 하얀 눈 산이 앞에 가리고 있는 산들보다 더 가까워 보였다. 그 아래론 작년 가을에 심었을 밀들이 푸르게 돋아나는 구릉이 보이고, 그 구릉 군데군데엔 아라곤 마을들이 아기자기하게 자리잡고 있었다. 그리고 그 밑으론 아라곤 강이 흐르는 아름다운 풍광인데, 그 풍광 속에 내가 바람처럼 걸어가고 있는데… 나에겐 희망이 없었다.
저기던가? 지난번엔 들불이 일어 연기가 산을 넘고 하늘까지 물들였었지. 그 불을 보다가 다시 짐을 짊어지고 돌아돌아 도착한 마을이 아레스였는데…

  그런데 오늘 나는 무엇을 위해 그곳에 가고 있단 말인가?

  서글펐다.

  그때의 사람들(인생은 아름답다던 미셸, 마리 루스, 자원봉사자들…)은 어디서 어떻게들 살고 있을까? 오늘 그곳에서 하룻밤을 보내며 지난 기억만이라도 되새겨보고 싶었는데, 이제 그곳에 도착하게 되면 '문이 닫혀 있다'는 쪽지만이 나를 반기겠지.

  아, 아레스…

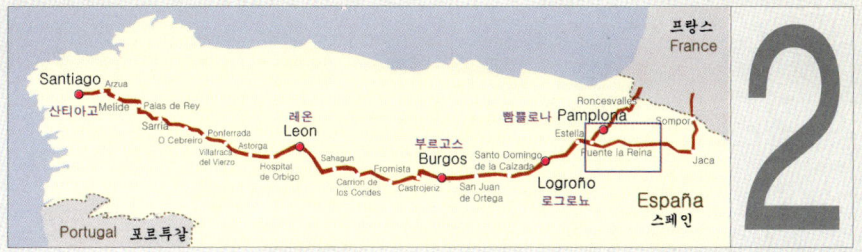

꺼지지 않는 희망

아라곤 코스 나바라 지방 남부 *Navarra*

안개 덮인 저 아래에 사는 사람들은 지금 이렇게 맑은 하늘을 볼 수 없을 것입니다.
그렇다면 나는? 저 안개보다 높은 산의 구릉 길을 걷고 있는 나는… 신선(神仙)인가?
하 - 하 - 하 - 정말, 신선 흉내라도 한번 내볼까?
내 가슴은 뛰고 있었습니다. 객기라도 부려보고 싶었습니다.
그래, 하모니카라도 불어야겠다. 이제 저 사람들에겐 들리지 않을 테니까.
이 세상은 신선만의(?) 세상이니까.
그렇게 나는 안개 위 세상에서 하모니카를 불며 신선 흉내를 내보고 있었습니다.

꺼지지 않는 희망

 산모퉁이에 자리를 깔고 앉아 하모니카도 불며 지난 일을 생각하다 보니 배가 고파왔다. 그 상황에서도 배가 고픈 걸 보면 아무래도 마음 따로 몸 따로인가 보았다. 그래서 배낭 안에 있던 하몬과 오렌지로 점심을 먹고 나니 시간이 2시로 치닫고 있었다.
 내가 앞지를 사람이 없었으므로 나를 앞지를 사람은 있음직도 한데, 사람을 만나는 일은 일어나지 않았다.
 정말 이 길엔 나 혼자뿐인지도 몰랐다.
 그러자 은근히 오늘 밤 잠자리가 걱정스러워지기 시작했다.
 아레스에 가도 문이 닫혀 있을 것이니, 다음 마을까진 거기서도 20km를 더 가야만 한다.
 시간은 2시라 한낮이지만 겨울 해라 그리 오래 가진 않을 것이었다.
 그렇게 별 희망도 없는 발길을 계속해야만 했다.

 그전처럼 산모퉁이를 돌자, 돌집이 하나 둘 보이면서 숨어 있는 것 같은 마을이 나타났다. 아레스였다.
 덤덤한 마음으로 마을 입구에 배낭을 내려놓고는 가파른 산을 조금 거슬러 올라 마을 전경의 사진을 찍었다. 그 전처럼 독수리가 있나 올

아레스 들어가는 길에서 바라본 피레네 산맥 쪽 풍경

려보니, 이번에도 역시 파란 하늘엔 두세 개의 점이 보였다.

  쟤들은 날 알아볼까? 3년 만의 재횐데…

  그런 것마저도 날 자꾸만 우울하게 만드는 것 같아, 나는 스스로 마음을 다그쳤다.

  아무 일도 아닌 것처럼 받아들이자. 조금 뒤에 마을을 떠나면서도 마음 아파하지 말자.

  산을 내려오는데 새로 지은 알베르게 앞에서 개 한 마리가 짖어댔다. 갑자기 산에서 행색이 이상한 이방인의 모습이 나타났으니까…

  건너편 옛 알베르게도 보수를 했는지 지붕이 새로워 보였는데 거기도 문이 굳게 닫혀 있었다. 지난번엔 거기 다락에서 잤었는데…

아레스 마을

   그러다가 바로 그 옆 수도에서 목을 축이고 난 뒤 물병에 물을 채워 넣었다. 그러다 보니 '바람의 통로'도 감회가 새로워, 사진으로라도 남기고 싶어 카메라를 꺼내 사진을 찍었다.

   그 사이 짖어대던 늙은 개는 어디론가 사라져 보이지 않았다. 그래서 나는 조심스럽게 알베르게로 가보기로 했다.

   그런데 당연히 붙어 있을 것으로 여겼던 '닫혀 있다(Esta cerrado)'는 안내 문구는 보이지 않았다. 그래서 혹시? 하면서 문을 열어보니, 역시 열리지는 않았다. 그냥 갈까? 하는데, 바로 그 앞집에서 인기척이 났다. 그래서 한번 물어나 보자고, 사람을 불러보았다. 몇 번을 불러서야, 한 뚱뚱한 여자가 나왔다.

〈아레스 마을〉, 2004, 수채

"이 알베르게는 닫혔습니까?"

"닫힌 건 아니예요. 열쇠는 우리 집에 있거든요."

"예? 안 닫혔다구요?"

반가움과 놀라움에 내 목소리가 커졌다.

"그런데 저기 산 너머에 꽂혀 있던 안내에는 닫혔다고 적혀 있었는데요."

"겨울철이라 오는 사람이 거의 없는 데다 자원봉사자도 없고 해서 그렇게 써놓긴 했지만, 당신같이 여기를 들르는 사람에게는 문을 열어줘 이용하게도 한답니다."

"아, 살았다!"

나는 탄성을 질렀다. 곧 이어 여자는 집으로 들어가더니 열쇠를 가지고 나왔고, 알베르게의 문을 열어주었다.

'그러면 그렇지. 아레스가 그렇게 야박한 곳일 수는 없을 거야…'

나는 이제 그런 합리화까지 시키고 있었다.

그녀는 나에게 알베르게를 안내했다.

아담한 거실(거기도 구 알베르게처럼 서까래가 보였다.)은 목재로 된 탁자와 의자들이 있었고 바닥도 마루였다. 여럿이 왔다면 아래층의 침실을 열어주겠지만, 오늘은 나 혼자뿐이니 거실에서 자는 게 더 따뜻하고 좋을 거라면서 다락에 있는 꼴촌(매트리스)을 내려서 사용한 뒤 돌아갈 때 올려놓으라고 했다.

그런 다음 그녀는 나를 부엌으로 안내했다.

그래서 먹을 것이 없던 나는,

"이 근방에 상점이 없잖아요?"

하고 물으니, 이 안에도 필요한 건 다 있다고 말하며 이것저것을 보여주었다. 과일, 우유, 쌀… 그리고 그녀는 냉장고 안의 달걀을 꺼내면서, 그 달걀은 상점에서 산 것이 아닌 자기 집에서 키운 닭이 낳은 것이라고 자랑이라도 하듯 말했다.

그 정도면 완벽했다. 더 이상 아무것도 필요 없을 것 같았다.

나는 너무 고마워서 고맙다는 말을 몇 번을 해댔는지 모른다.

그러면서 내내 궁금했던 마리 루스에 대해 물어보았다. 그랬더니 그녀는 내가 마리 루스를 알고 있다는 사실에 깜짝 놀라면서, 어떻게 된 일인지 물었다. 그녀는 내가 초행길인 줄 알았던 것이리라. 그래서

아레스 주변 들판

아레스 마을 통로(바람의 통로)

지난 얘기를 해주었더니, 마리 루스는 지금 여기서 그다지 멀지 않은 나바라 지방의 다른 알베르게에서 일하고 있다며, 날더러 산티아고까지 갈 거냐고 다시 물었다. 그래서 당연히 그렇다고 하자, 그러면 그녀를 만날 수 있을 거라고도 했다.

그 말에 내 마음은 다시 풀어져 내리고 있었다.

아레스 알베르게 안의 남으로 난 창

일단 짐을 정리한 뒤, 아레스의 옛 다락방 알베르게의 앞집인 새로운 알베르게 거실에서 나는 넋을 놓고 앉아 있었다. 여기는 다른 곳과 달리 관리자가 식사도 대접하는 곳이라는데, 관리비도 정해진 것이 아니라 순례자들이 알아서 놓고 가는(기부제 형식), 그러니까 퍽 인간적인 곳이었다.

내가 첫 번째 이 길을 걷다가 들렀을 땐 이 건물은 개축공사가 한창 진행 중이었고, 공사에 참여했던 많은 자원봉사자들과 함께 마리 루스와 얀이 준비해 준 식사를 시끌벅적하게 같이 했었는데…

그러니까 이 집은, 지금은 어디에 있는지조차 모르는 그들의 손길이 고스란히 박혀 있을 터였다.

남쪽으로 난 창으로는 밝은 오후 햇살이 쏟아져 들어오고, 얼어붙었던 내 심신은 안도감에 스르르 녹아내리고 있었다. 여기서도 20km를 더 가야 다음 알베르게가 있는데, 오늘 더 걷지 않아도 되는 사실 하나만으로도 나는 너무 기분이 좋았다.

아레스는 그렇게, 나를 실망에서 희망 속으로 옮겨놓고 있었다. 아니, 오갈 데 없는(?) 겨울 나그네인 나를 품어주었다.

안개 낀 아레스 마을

아레스의 선물

오늘도 어김없이 꼭두새벽에 눈이 떠졌다.

꿈에서 깨어났던 것인데, 나는 바로 일어나 불을 켜고 머리맡에 두었던 가이드북을 펼쳐보았다. 오늘 계획이라도 세워두기 위해서였다. 그러다 불을 끄고 슬리핑백 속으로 몸을 들이밀었는데, 다시 잠이 들었나 보았다. 그러다가 언뜻, 밖에서 자동차 시동 거는 소리가 들려서 다시 잠이 깼다.

7시가 되고 있었다. 그런데도 창문 틈으론 아무 빛도 들어오지 않았다. 나무 덧창이 두꺼워서 빛이 들어올 리가 없을 것이었다.

'밖은 아직도 깜깜한가? 여기가 서쪽 나라라서 그런가 보다.'

하면서, 일어나 문을 열기가 귀찮아 그대로 또 얼만가를 누워 있었는데, 도무지 답답해서 더 누워 있을 수가 없었다. 그래서 일어나 나무 덧창을 열어보니… 밖에는 눈이 휘둥그레질 광경이 펼쳐지고 있었다. 안개가 이 근방의 산을 넘나들면서 장관을 이루고 있었던 것이다.

후다닥 일어나 정신없이 카메라를 챙기고 파카를 걸쳐 입었다. 그리고 신발을 끌면서 밖으로 나갔다. 신발 끈이 땅에 질질 끌렸지만 끈을 묶을 시간도 없었다.

저건 아레스가 나에게 준 선물인지도 모른다.

나는 허겁지겁 가파른 산에 오르기 시작했다. 아무래도 시야가 확 트인 높은 곳에 올라가야만 할 것 같아서였다.

어떻게 산에 올랐는지 모르겠다.

짧은 시간에 갑작스럽게 힘을 주어 산에 올라서겠지만, 현기증이 났다. 그래도 마음이 바빠서, 보이는 대로 셔터를 누르기 시작했는데 어찌나 숨이 가쁜지 카메라가 몹시 흔들렸다. 내 바쁜 마음에 비해서 그깟 어지럼증 같은 건 별 문제도 안 되었다. 나에게 급한 건 저 안개가 사라지기 전에 사진을 찍어두는 것이었다. 그런데 숨이 차서 헉헉대느라 제대로 사진을 찍을 수조차 없었다. 그리고 급기야는 속이 울렁거리기까지 하는 게 아닌가.

아레스 마을을 감싸는 안개

이러다 심장마비로 죽는 거 아냐? 갑자기 겁도 났다.

그래도 사진은 찍어야만 했다. 이 순간을 놓치면 안 될 것이었다.

현기증에 비틀거리면서도 몸의 중심을 잡으려 호흡을 가다듬으면서 나는, 렌즈까지를 바꿔 끼워가며 겨우 몇 컷의 사진을 찍기는 했다.

한 순간이었다. 이미 안개는 걷히기 시작했고, 아레스 마을도 서서히 아침의 모습으로 변해가고 있었다. 아침 이슬에 흥건히 젖었던 내 바짓가랑이 속의 종아리가 시려와 정신이 번쩍 들었다. 그리고 구토 증세도 서서히 안정을 찾아가고 있었다.

그렇게 몇 컷의 사진을 찍고는, 뿌듯한 마음으로 나는 안개가 걷혀가는 마을을 감상하고 앉아 있었다.

📮 편지

들판 풍경화

　따스한 햇볕이 내리쬐는 들판 길을 걸었습니다.
　천천히 걷거나 조금 서두르거나… 나를 앞질러 갈 사람도 내가 앞지를 사람도 없었습니다. 이렇게 다른 사람의 모습이 보이질 않으니 그 너른 들판엔 나 혼자뿐인 것 같더라구요.
　문득, 이 들판 길을 평생 혼자 걷는 건 아닐까 하는 생각마저 드는가 싶더니, 또 갑자기 사람이 그리워지는 것이었습니다.
　그래봤자 이 길에선 그저 그리움일 뿐…

　그렇게 얼마를 더 걷는데 갑자기, 이 아름다운 들판 풍경을 그림으로 표현해보고 싶다는 충동이 일었습니다. 그건 좀 생뚱맞은 생각이긴 했습니다.
　아시다시피 내가 워낙 실내에만 쳐박혀 그림을 그리는 체질인데다 풍경을 그리는 일 역시 서툰 사람이라, 들판에서 그림을 그린다는 일이 아무래도 주저주저해지긴 했습니다.
　그런데 이 길을 걸으면서는 이따금 풍경이 그리고 싶기도 하거든요.
　그건 재미있는 현상이기도 하고 또, 나에겐 퍽 새로운 기분임에도 분명합니다.

편지

그래서 오늘은 배낭을 내려놓고 아예 자리를 잡고 앉았지요.

스케치북을 꺼냈는데, 그 광활한 벌판을 담기엔 내가 폈던 화면이 너무 작았습니다. 그렇지만 어쩌겠습니까? 그렇게라도 내 그리고 싶은 욕구를 채울 수밖에요.

아, 나는 모처럼 벌판에 앉아서 그림을 그렸습니다. 평소엔 잘 그리지도 않는 풍경화를요.

딱 한 농부가 트랙터를 타고 지나가다가 손을 흔들기에 나도 답을 해주었을 뿐, 그림이 끝날 때까지 다행히 더 이상은 나를 방해할(?) 아무 일도 일어나지 않았습니다. 따사로운 들판의 한적한 분위기에서 그렇게 나

📮 편지

는 그림 속에 빠져들어갈 수 있었습니다.

　그러고도 한참을 그곳에 앉아있다가 짐을 챙겨 일어났습니다.
　그런데 조금 길을 가다 보니 목이 탔습니다. 그래서 물을 마시려는데, 물이 있어야지요.
　아까 들판 풍경을 먹는 물로 그렸거든요.

그림을 그리는 내 모습

〈아라곤 풍경〉, 2004, 수채

편지

신선 흉내?

아, 여기도 이 세상인가?

질퍽거리는 산길을 힘들게 걸어올라 정상에 닿으니, 여태까지와는 너무 딴판인 세상이 펼쳐지고 있었습니다. 내 발 아래로는 하얀 안개에 덮인 세상이 장관을 이루고 있었던 것입니다.

그래! 늘 우리가 찾아 헤매는 아름다움은 이렇게 뜻밖의 한 순간에 맞닥뜨리는 것인지도 모른다.

가슴이 뛰고 있었습니다. 그리고 내가 할 일은 그저 탄성밖에 지를 게 없을 것 같았습니다.

나는 얼른 배낭을 벗어던져버리고는, 자리를 잡고 안개 풍경을 바라보

풍경 파노라마. 저 멀리 산 아래엔 안개가 덮여 있다.

고 앉아 있었습니다.

　그건 그렇고, 저 안개 아래는 어떨까?
　안개 덮인 저 아래에 사는 사람들은 지금 이렇게 맑은 하늘을 볼 수 없을 것이었습니다.
　그렇다면 나는? 저 안개보다 높은 산의 구릉 길을 걷고 있는 나는… 신선(神仙)인가?
　하 – 하 – 하 – 정말, 신선 흉내라도 한번 내볼까?
　내 가슴은 뛰고 있었습니다. 객기라도 부려보고 싶었습니다.

　그런데 그때 저기, 나를 앞질러 간 사람들이 안개 속으로 들어가려는 것이었습니다.
　그러더니 이내 그 속에 파묻혀버리고 말더군요.

　순간 나는 그러고 싶지 않다는 엉뚱한 생각이 들었습니다.

📮 편지

  그래, 하모니카라도 불어야겠다. 이제 저 사람들에겐 들리지 않을 테니까. 이 세상은 신선만(?)의 세상이니까.
  그렇게 나는 안개 위 세상에서 하모니카를 불며 신선 흉내를 내보고 있었습니다.

동행이었던두 호주인이 안개 아래로 들어가고 있다.

막 안개에서 걷힌 운두에스 데 레르다 마을 풍경

혼자 남는 역할

　이스꼬(Izco) 알베르게엔 나흘 전에 한 사람이 지나갔을 뿐이라고 관리자 여자가 말을 했다. 겨울철이라 순례자가 거의 오지 않는다는 것이다. 그래서 준비해 놓은 먹을거리가 별로 없는데다 내일이 일요일이라 자기도 오지 않을 거라면서, 지금 필요한 것을 미리 사놓으라고 했다. 그래야 굶지 않고 음식을 해 먹을 거라면서… 그리고 또, 내일 아침엔 우리가 알아서 알베르게 문을 잠그고 가라고 알려주었다.
　가게가 없는 이 마을에서는 이따금 도착하는 순례자들의 편의를 위해 알베르게 자체에서 필요한 식료품을 준비해놓고 파는 것이었다.

　사흘째 동행이 됐던 두 호주인들은 자기네 먹을거리를 사면서 사는 길에 내 몫도 함께 살 테니 나는 내 몫의 숙박비만 내라고 했다. 그래서 굳이 그럴 필요 없이 분담해서 내자고 했는데도, 그들은 막무가내였다. 그러니까 오늘 저녁 식사는 그들이 초대를 한다는 뜻이었다. 그래서 나는 그들의 뜻에 따르기로 했다. 무엇보다도 오늘이 그들에겐 이 길의 마지막 밤이어서 그러고 싶었던 것이라, 입장을 바꿔놓고 생각해도 나 역시 그럴 수도 있을 터였다. 그들은 이미 프랑스 코스를 다 끝냈고, 돌아가기 전에 며칠 여유를 갖고 이 아라곤 코스를 걸어왔던 것으로, 내일 빰쁠로나로 가면서 대장정의 막을 내리려는 것이었다.

　고마웠다. 저녁식사도 그렇지만 무엇보다도 나에겐 그들이 여기서 오늘 하룻밤을 더 머물겠다고 결정한 것이 고마웠다. 사실, 그들은 오는 길에도 이곳에 도착하자마자 바로 빰쁠로나 행 버스를 타고 떠날 거라고 했었다. 그 말을 들을 땐 그저 그랬다. 그런데 마을이 가까워질수록 나는 점점 불안해지고 있었다. 저 마을에 도착한 뒤 그들이 떠나고 나 혼자 남으면? 견디기 힘들 것 같았다. 그래서 부질없이, 오늘 밤은 함께 머물고, 제발 내일 아침 나갈 때 헤어지면 좋으련만… 하고 빌기까지(?) 했다. 그런데 그럴 가능성도 없지만은 않았다. 해가 기울고 있었으니까. 누구든, 이렇게 해가 지는 저녁 무렵에 떠나고 싶지는

이스꼬 마을로 접어드는 풍경

않을 테니까. 이 겨울 길에…

그동안 그들과 정이 들었나?

그럴 수도 있었다. 그렇지만 그저 사흘 동안 길을 걷다가 잠깐씩 동행이 되었을 뿐이지 뭐 정이 들 만한 특별한 얘깃거리도 없었다. 우리의 동행은 이 길에선 흔히 있을 수 있는 일이었고 사이였다. 그렇지만 오늘 여정이 힘들었고, 힘든 길을 걸어 함께 목적지에 도착했는데…
도착하자마자 그들이 알베르게 관리자에게 빰쁠로나 행 버스 시간을 묻자, 내 불안은 최고조가 됐었다. 나는 앞이 캄캄해지기까지 했었다. 끔찍한 것 같기도 했고 겁이 나기도 했다.

그래서 내 쪽에서 그들에게 애걸복걸하며 잡기라도 하고 싶은 심정이었는데, 그들 스스로 내일 떠나겠다고 말하고 있었던 것이다. 그러니 어찌 아니 고마울 수가…

바로 여기였다. 지난번에 프랑스인 미셸이 '인생은 아름다워!' 하면서 떠나갔던 곳이…

그래서 나는 '도대체 이곳은 무슨 일로 내가 사람들과 이별하는 곳으로 자리매김하려는 것일까?' 하는 처량한 생각도 했던 것이다.

아무튼 내가 왜 이렇게 외로움을 타는지 모르겠다. 평소답지 않게.
그러면서 뭐 혼자 걷겠다고? 나는 내 스스로 비아냥대고 있었다.
혼자가 훨씬 낫다고? 고개를 흔들기도 했다.

어쨌거나 이번 겨울 길에는 혼자 머무는 숙소가 잦은 편이다 보니,

자꾸만 사람이 그립고 외로운 것 같기는 하다. 아예 처음부터 혼자 알베르게에 도착해서 머물다가 혼자 떠나는 일은 괜찮다. 그러나 누군가와 같이 들어왔는데, 나만 남고 그들이 떠나는 것을 보는 것은 못 견디겠다.

아무튼 나는 사람을 떠나보내고 남아 있는 역할은 죽어도 못하겠다.

〈떠나는 사람, 남는 사람〉, 2000, 펜

이별

그 동안 3박 4일을 같이 걷고 같은 숙소에 머물렀던 호주인들과 조금 전에 헤어졌다.

어제 그들이 먼저 떠나지 않았기 때문에 오늘은 내가 떠나는 입장으로 뒤바뀌어 있었다.

뭔가 끈끈한 마음의 선이 남은 것 같기도 했지만 우리는 굳은 악수만으로 헤어졌다.

그런데 그들은 빰쁠로나행 버스를(오전 11시경) 기다려야 했기 때문에 자연스럽게 길을 떠나는 내가 먼저 알베르게를 나온 것이다.

그러자 그들은 알베르게 입구까지 나를 쫓아 나와 손을 흔들면서 큰 소리로 "Good Luck! Buen Camino!"를 외쳐댔다.

그것도 반대 입장이었다.

지난번엔 미셸이 떠나고 내가 손을 흔들며 서 있었는데…

그 순간에도 나는, 내가 떠나는 역할을 한 것이 퍽 다행이란 생각이 들었다.

그러고 보면 나도 참 이기주의자다.

그렇게 조그만 마을 이스꼬를 벗어나면서, 구릉 들판이 보이면서,

그리고 내 그림자가 앞에 길게 길에 늘어뜨려진 걸 보면서 가슴 한 구석이 조여오는 듯하더니 마음이 비어져가는 것 같았다. 그러면서 한편으론 또 가슴이 아픈 것 같기도 했다.

순간, 생각지도 않았던 노래 하나가 튀어나오고 있었다.

"간다 간 –다 정든 님 떠나간다."

나는 악다구니를 쓰고 있었다.

얼마를 걷다가 뒤를 돌아보니 그저 실루엣으로 남은 마을 뒤로 높은 산등성이엔 풍력용 발전 바람개비들만 무심하게 돌아가고 있었다.

그 전날 이스꼬 마을을 향해 걷고 있던 두 호주인

스페인에 감사

오늘은 8km 조금 넘게 걸어 이 몬레알(Monreal)에 여장을 풀 생각인데, 아직은 잘 모르겠다. 날씨도 춥고 심신이 자꾸만 움츠러드는 게, 다음 알베르게가 있는 마을까지 가는 것도 걱정스럽기만 하다.

벌써 12시 반이 넘어가는데…

마을로 접어드니, 제법 정비가 잘 돼 깨끗한 곳이었다.
어떻게 할까, 이 마을에서 묵을까?
어쨌거나 숙소를 알아봐야만 했다.
그래서 찾아보니, 알베르게는 성당과 붙어 있었다. 초인종을 눌러도 아무 소식이 없기에 문을 열고 들어가 보니 역시 아무도 없었다. 그렇지만 실내는 누구라도 들어와서 쉬도록 준비가 잘 되어 있는 곳이었다.
계단을 올라 2층으로 들어가니 아주 깨끗한 침대가 가지런히 놓여 있고, 다시 내려가 보니 화장실이며 주방용기도 말끔했다.
그렇다면 먹을 게 문젠데…
성당 옆이라 사람들이 있을 거라며 문 밖으로 나가 조금 서 있었더니, 한 노파가 성당에서 내려오고 있었다. 노파는 내가 묻기도 전에

싹이 돋아 푸릇푸릇한 밀밭 풍경

대뜸 나를 보더니, 순례자냐고 물어왔다. 그렇다고 하면서 혹시 이 마을에 슈퍼마켓이 있느냐고 묻자,

"오늘이 일요일이라…"

하면서, 자기가 집에 가서 슈퍼마켓 주인에게 전화를 걸어줄 테니 슈퍼 앞으로 가서 기다려보라고 했다. 나는 노파가 알려준 대로 얼마 떨어지지 않은 가게에 가 보았더니 역시 문이 굳게 닫혀 있었다. 그렇게 한참을 서 있었는데도 아무 기척이 없어서 나는 다시 돌아오고 말았다.

걱정이었다. 여기서 오늘밤을 묵고 갔으면 좋겠는데, 먹을 게 문제였다.

몬레알 알베르게 내부

감자 몇 개와 쌀만 있어도 견뎌낼 수가 있을 것 같은데…

그러다가 혹시 다른 사람을 만나기라도 할까 해서 밖에 나가 성당 앞 광장에 서 있는데, 웬 또 다른 부인이 다가왔다. 그녀도 날더러 순례자냐고 물었다. 그렇다고 하니까, 자기가 슈퍼마켓 주인이라고 했다.

그렇게 일요일이었지만 슈퍼에 들어가 나는 기본적인 식량을 사 들고 알베르게로 돌아왔다. 발걸음이 가볍기만 했다. 6유로 정도 샀는데, 내일 아침까지도 배불리 먹을 수 있는 양이었다. 쌀 500g짜리 하나, 감자, 달걀, 토마토, 기산떼(Guisante: 완두콩 캔) 작은 통조림, 그리고 요구르트까지…

이젠 아무 문제도 없다. 그런데 돌아와 보니, 주방에 소금과 식초는 있는데 기름이 없었다.

그것도 문제였는데, 또 다른 더 큰 문제가 생겼다. 요리를 하는데 전자렌지의 불을 켜는 방법을 알 수가 없었다. 이래저래 시도를 해서 전원에 불이 들어오는 것까지는 성공했는데, 정작 조리할 수 있는 불 하나하나는 들어오지 않았다. 낭패였다. 그래서 고민 끝에 다시 거리로 나가보았다.

마침 유모차에 애를 태우고 산책하는 부부가 있어서 도움을 요청하니 남자가 기꺼이 따라와 주었다. 그도 처음엔 불 켜는 방법을 모르던데, 이것저것을 눌러본 뒤 한참 만에야 작동을 시켜주어, 그렇게 요리를 할 수 있게 되었다.

감자를 깎아 칼로 토막 내 자르고 냄비에 넣고 푹 삶은 뒤, 기산떼를 다시 넣고 소금으로 간을 냈다. 그것만으로도 시원한 국물에 따끈한 음식이 돼주었다. 그리고 토마토를 잘게 썰어 샐러드를 만들고, 다른 냄비에 했던 밥에 그리고 갖고 다니던 참치 캔까지…

식탁에 차려놓으니 훌륭한 식사가 되었다.

나는 스스로 대견스럽기까지 했다. 그 어렵던 상황을 헤쳐 이렇게 훌륭히 견뎌낼 상황으로 바꿔놓은 것이… 이럴 땐 누군가 다른 사람이 함께 있다면, 음식도 나눠먹고 좋을 텐데…

사실 맛으로 보아도 맹숭맹숭하고 영양 면으로도 그리 썩

〈삶은 감자〉, 2000, 수채

좋은 음식이라고 할 수는 없을 것이다. 그렇지만 이 세상엔 이보다 못한 식사로 살아가는 사람들이 어디 한둘이겠는가? 더구나 이 길을 걸으며, 일요일에 이런 낯선 곳에서, 이토록 따끈한 식사를 만들어 배불리 먹을 수 있다는 것도 어디 쉬운 일이겠는가?

누가 보더라도 김이 모락모락 나는 소박하나마 푸짐한 식사임에는 분명하니, 아니 뿌듯하겠는가 말이다.

나는 행복한 마음으로 식사를 했다.

그런 뒤, 뜨거운 물이 나와 주어서 바로 샤워도 했고, 비록 작긴 하지만 전기스토브도 하나 있어서 그걸 옆에 틀어놓으면 밤에도 춥지 않게 잘 수 있을 것이었다.

이거 어쩐지, 그냥 말 수는 없을 것 같은데…

나는 어떤 방법으로라도 이 '산티아고 가는 길'의 시스템(조직)에 그리고 스페인이란 나라에 감사를 드리고 싶었는데, 정작 내가 할 일은 없었다.

있다면 그저…

이 알베르게를 깨끗하게 사용하다 관리비 조로 돈 몇 푼 남겨놓고 흔적도 없이 나가는 일일 뿐이란 게, 너무 미흡한 건 아닌가 하는 생각이 들었다.

다시 만난 천사

오늘이 '아라곤 코스'의 마지막 날이 되었다.
아침 계획으로는 내일이 될 거라고 생각했었는데…

겨울 길이라, 여태까진 가능하면 이른 오후에 숙소에 들어가곤 했는데, 오늘은 오후 늦게까지 걷게 되었다.

오늘 묵기로 계획했던 띠에바스(Tiebas) 마을에서 알베르게의 열쇠를 찾지 못해 헤매다가, 거기서 10여 km만 더 가면 만날 수 있을 그 여인 마리 루스를 떠올리며 앞뒤 가리지 않고 충동적으로 떠나왔기 때문이다. 이미 땅거미가 지고 있어서 서둘러 걸으면서도 나는 정말 그녀를 만날 수 있을까 하는 생각뿐이었다.

갑자기 늘어난 일정으로 오늘도 25km 이상을 걸었더니 발바닥도 아파왔다. 게다가 날씨도 추워서 저녁 길은 더욱 쓸쓸하기만 했다.

그렇게 발을 질질 끌면서 에우나떼(Eunate)에 도착했는데…
성당 앞쪽엔 차 몇 대가 보였고 그 주변엔 사람도 몇 명 있는 것 같았다. 내가 그쪽으로 가자 그들 모두도 나를 바라보았다. '이런 다 저녁 때 웬 나그넨가?' 했을 것이었다.

날이 어둑어둑해서 처음엔 누가 누군지 알아볼 수가 없었다. 물론 그쪽에서도 마찬가진가 보았다.

그러나 자세히 보니, 그들 중의 하나가 바로 베네수엘라 여인 마리 루스(Mari Luz)였다. 손님들이 왔었나 본데, 이제 돌아들 가나 보았다.

"마리 루스!"

내가 부르자, 그녀는 잔뜩 호기심어린 표정으로 나를 바라보았다.

"내 보기엔, 우리는 아는 사인데… 나를 알아볼 수 있습니까?"

하고 물으니, 뭔가 짐작을 하는 눈치긴 했는데, 아직 확신을 하지는 못하나 보았다.

"그러니까 한 2년 반쯤 전에, 아레스 알베르게에서…"

하고 '아레스' 라는 말이 나오자,

"아! 이름이 뭐였지요?" 하고 그녀가 물었다.

"문."

"맞아요! 한국 사람 문." 그녀도 이제 모든 걸 기억하는가 보았다.

"누구였지요? 독일 사람이었던가, 그때 같이 있던 사람이?"

아니요. 프랑스인 미셸이었습니다."

"그래, 그래요."

하면서 그녀는 바로 다가와 나를 감싸 안았다. 그렇게 우리는 얼싸 안으면서 인사를 했다.

그래, 이러기 위해 내가 왔지… 이런 광경을 그리면서, 아레스로 갔었는데… 결국, 여기서 꿈이 이뤄지는구나…

나는 며칠 전 아레스를 지나오면서 가질 수밖에 없었던 안타까움을 한 순간에 털어버리고 있었다.

 에우나떼 알베르게 거실은 훌륭했다. 목재로 바 같은 모습을 만들어 친근감이 느껴졌고, 나무를 때는 벽난로에선 장작이 타고 있어서 더욱 아늑했다. 곧 이어 이층에서 마리 루스의 남편 얀이 내려왔는데, 그도 긴가민가하나 보았다. 그런데 그녀가 아레스의 옛 얘기를 꺼내자, 얀도 나를 기억하면서 덥석 어깨를 끌어안으며 악수를 청해오는 것이었다.

 그렇게 나는 그들 부부와 2년 반 만에 다시 만났다.

 안에 들어와 보니 그 사이에 마리 루스도 흰머리가 많이 늘어 있었다. 그건 나 역시도 마찬가지일 터였다. 어디서든 세월이 가는 거니까…

다시 만난 마리 루스와 얀

〈에우나떼 성당〉, 2004, 수채

우선은 차를 끓여왔다. 나는 차를 마시며 안도감에 젖어갔다. 여기까지 걸어오면서도,

'혹시 뭔가 잘못된다면?'

하는 걱정이 앞섰었다. 며칠 전 아레스로 걸어가면서 겪었던 일이 주마등처럼 스쳐지나갔던 것이다. 이제 그런 불안과 걱정은 현실 세상엔 존재하지 않을 것만 같았다.

그러다 땀이 다 식어가기에, 샤워 좀 할 수 있느냐고 물었더니, 그녀는 오늘도 전처럼 우선 내 발을 씻어주겠노라고 했다. 그래서 나는 지난번에도 했으니 오늘은 그냥 그 의식은 생략한 채 샤워만 하고 싶다고 했는데, 그녀는 그럴 수 없다며 조금만 기다리라면서 물을 준비하러 들어갔다. 거실 벽에는 이곳이 바로 그런 곳이라는 상징처럼, 모자이크로 된 예수의 발을 씻어주는 그림의 사진이 붙어 있었다.

그렇게 나는 다시 그 의식(?) '세족식'을 치렀다.
신발과 양말까지를 벗고 따뜻한 물에 내 피곤한 발을 넣으면서, 그리고 그녀가 내 발을 씻어주면서… 지난 일이 영화의 한 장면처럼 떠올랐다.
그래, 이 의식으로 내가 이 길을 무사히 끝마칠 다리를 가질 수 있을 거라고 생각하자… 내가 난생 처음으로 느꼈던 이 감정, 그러니까 이번이 두 번짼데, 여기 아니면 느낄 수 없는 기분이로구나…

그들은 이 '산티아고 가는 길'에 인생을 바친 사람들이다.
그저 방치되었던 낡은 옛 건물에 그들 부부가 와서 이렇게 사람이 쉬고 갈 수 있도록 말끔하게 바꿔놓았다고 한다. 그들은 아레스에서도 그런 역할을 하다가 그 일을 다 끝낸 뒤 이곳으로 와서 다시 이만큼을 이뤄놓은 것이었다.

저녁 식사 때 그녀는
"문(나)을 우리에게 다시 보내주신 주님께 감사드립니다."
하고 기도했다. 나 역시도, 그들을 다시 만나 이렇게 푸근한 마음으로 그들과 함께 할 수 있게 된 것에, 믿지도 않는(?) 신께 깊은 감사를 드렸다.

아라곤 코스가 끝나는 뿌엔떼 라 레이나 다리

본격적인 여정

프랑스 코스 중 나바라 지방 *Navarra*

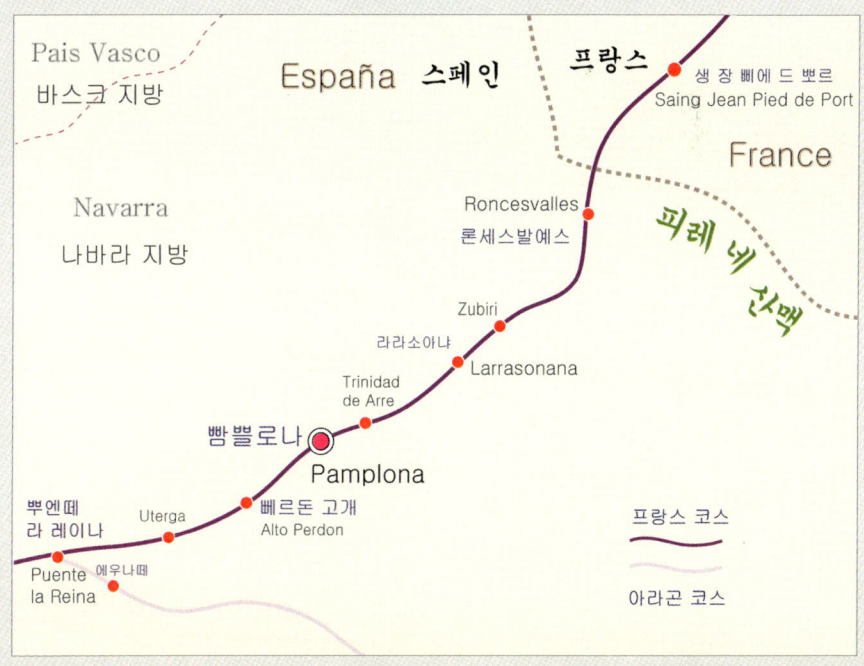

나 스스로에게 물어봅니다.
정말 나는 무엇 때문에 그 멀리서 와 이렇게 이 길을 걷고 있는가?
마땅한 답을 할 수가 없습니다.
처음 걷는 것도 아니고 이 길의 풀 코스를 두 번째 걷고 있으면서도…
그렇네요.
남들이 생각하면, 베짱이처럼 팔자 좋게도…
'바람 쐬려고 왔다'는 말밖에.

편지

바람 쐬려고…

2004년 2월 달력, 수채

길에서 만난 몇몇 사람들이 왜 이 길을 걷느냐고 물어옵니다. 마치 그 물음이 인사치레라도 되는 것처럼 서로가 그 물음을 던지곤 합니다.

그러면 나는, 주저 없이 쉽게 대답합니다.

바람 쐬려고…

그러면 그들은 다시 나를 쳐다봅니다. '그 멀리서(동양 사람이니까)?' 라고 묻기라도 하듯이. 또 그러면 나는 얼른 웃음을 지으며 시선을 다른

편지

곳쯤으로 던집니다. '더 묻지는 마!' 하는 식으로..
  그러고 싶습니다. 한갓지게 바람 한번 쐬려고 왔습니다.
  그러면서 나 스스로에게 물어봅니다.
  정말 나는 무엇 때문에 그 멀리서 와 이렇게 이 길을 걷고 있는가?
  마땅한 답을 할 수가 없습니다. 처음 걷는 것도 아니고 이 길의 풀 코스를 두 번째 걷고 있으면서도…
  그렇네요.
  남들이 생각하면, 베짱이처럼 팔자 좋게도…
  '바람 쐬려고 왔다.'는 말밖에…

  그런데 정말 그러고 싶습니다.
  아무런 의미도 두지 말고, 그저 바람 쐬듯 부담 없이 이 길을 가고 싶습니다.

한 다리의 난간에 앉아

마음을 열면…

빰쁠로나(Pamplona) 도심을 별 생각 없이 지나쳐 왔다.

어차피 도심을 지나면서는 정신이 산만해져서, 생각하고 말 여유도 없는 것 같다. 게다가 축제 '산 페르민'으로 유명한 빰쁠로나는 이미 몇 차례나 다녀왔기 때문에 특별히 관심 가질 일도 없었다. 여름이라면 축제에라도 조금 흥미를 가져볼 수 있었겠지만…

빰쁠로나에서 4km만 더 가면 조용한 마을이 있다.

시수르 메노르(Cizur Menor).

뻬르돈 고개(Alto de Perdon)를 넘기 전에 조금 쉬었다 갈 마을이다.

이곳 알베르게의 주의사항 중에는 젖은 옷가지를 나무 의자에 걸어놓지 말라는 지침이 있다. 그런데 나는 별 생각 없이 샤워를 한 뒤 타월을 의자 위에 펴 말린답시고 걸어놓았다가, 관리자 아주머니한테 된통 야단을 맞았다.

좀 심하다는 생각도 없지는 않았지만 내가 규율을 어겼으니, 당연히 핀잔을 들은 걸로 생각하고 나는 미안하다고 사과까지 정중하게 했다. 그리고 별로 신경 쓰지 않고 앉아 있었는데…

스페인 친구 하나가, 자기가 보기에도 멀리 동양에서 온 사람(나)이 사실 별것도 아닌 일로 해서 야단을 맞은 것이 안쓰러웠나(?) 보았다.
자기가 미안하다고 나서면서 날 위로하려는 눈치였다.
그래서 나는 내 잘못이니까 당연히 들을 말을 들었으니 걱정 말라고 말해주었다. 물론 그의 마음 씀씀이가 고마워서 고맙다는 말도 잊지는 않았다.
그랬더니, 그가 날더러 저녁식사를 같이 하지 않겠느냐고 묻는 것이었다.
'웬 저녁?'
나는 조금 난감했다. 그에게 저녁을 얻어먹을 구실도 없을뿐더러, 나이도 나보다 어렸고(30대로 보였다. 여기서도 나이 계산을 하다니…), 얻어먹기만 할 수 있나? 나도 한 번은 사야 되는데, 내가 식당에 가서 밥을 살 정도로 지금 여유 있는 형편이 아니니까…
그래서 고맙긴 하지만, 난 저녁 먹을 게 이미 있기 때문에 오늘은

시수스메노르

〈추운 알베르게〉, 2004, 연필

밖에 나가고 싶지 않다고 정중히 사양을 했다.

그러고 난 다음에 침대에 앉아 연필로 드로잉을 했다.

그는 자기 침대에서 책을 읽고 있었다.

그런데 그에게 미안한 생각이 드는 것이었다. 기껏 생각해서(아니면 조금 친해지고 싶었는지도 모르지만) 저녁 초대를 했는데, 거절하다니…

안 되겠다 싶어서, 부엌으로 가 물을 끓였다. 그리고 작년 가을 시골생활 중에 따서 말려 두었던 국화차를 탔다. 그런 뒤 그에게 묻지도 않고 차 한 잔을 가져가서,

"이거, 한국에서 가져온 차인데, 내가 직접 꽃을 따서 말려 놓은 건

데 한번 맛보세요."

했더니, 밝은 얼굴로 받아 입에 대보더니
"향기도 좋고 맛도 좋네요."
하며 아주 좋아했다.
'다행이군…' 하면서 나는 다시 내 침대로 와서 내 일을 계속했다.

그렇게 한 사람을 알게 되었다.
어떤 면에선, 사람 사는 게 다 마찬가지다. 서양이나 동양이나…
자기가 마음을 열면 상대방도 여는 것인데, 그런 걸 잘 알면서도 내성적이란 핑계를 내세우는 나는 상당히 경직된 사람이란 걸 스스로 안다.
마음을 열면 이렇게 편한 걸.

(그렇게 알게 된 J Ma라는 스페인 친구는 그 뒤 며칠간을 나에게 많은 도움이 돼 주었다.)

본격적인 여정

어제는 하늘에 구름이 가득해서, 오늘 비가 오면 어떻게 하나 걱정도 했었는데, 다행히 비가 오지 않고 구름까지 걷혀서 걷기에 좋은 날씨다.

아, 이런 구릉 길을 걷고 싶었다.
어제처럼 도심을 지난다거나 느낌이 없는 길은 누구와 걸어도 상관없겠지만(오히려 그런 길엔 다른 사람과 같이 가면서 얘기를 나누는 게 지루함도 덜고 더 좋다.) 이런 한적하고 고즈넉한 길은 혼자 걷고 싶어지는 것이다.
내 마음이 좀 더 맑아지는 느낌이 들어서다.
그래서 아침부터 동행이 되었던 스페인 친구에게 나는 할 일이 있어서 천천히 가겠으니 다음 숙소에서 만나자며, 앞세워 보낸 상태다. 그리고 나는 언덕 위에 배낭을 내려놓고 앉아 있다.
찬바람에 금방 귀가 시려왔지만 오히려 그런 쌀랑함이 내 마음을 더욱 시원하고 후련하게 해준다. 그러면서 이런 저런 생각을 하다가, 혼자 걷는다는 것은 아름다울지 모르지만, 혼자 걷고 싶어 한다는 것은 병일지도 모른다는 생각도 해보았다.

뻬르돈 고개 오르는 길

뻬르돈 고개를 지나며

〈뻬르돈 고개 길〉, 2004, 수채

그럼에도 불구하고 나는 혼자 걸으려 한다는 것이다.

뻬르돈 고갯길.
북서쪽에서 불어오는 바람이 어찌나 세고 찬지, 춥다 못해 약간 겁나게도 만드는 산 능선길이다.
이 길목에 순례자들 형상의 재미있는 조형물이 있어서 그걸 표현해 보려고 스케치북을 꺼냈는데, 스케치하는 것마저도 힘들 정도로 바람이 세고 춥다.
그런 와중에 심술맞게도 지나가던 구름이 음산한 그림자까지를 몰고 왔다.
산등성이엔 거대한 풍력 발전용 바람개비들이 굉음을 내면서 돌고 있고 그 위 하늘엔 구름들이 떠간다. 그리고 까만 독수리 한 마리가 북서풍에 몸을 맡기고 무게 없이 점처럼 떠있다.

북동쪽으론 빰쁠로나가 한눈에 보이고 남쪽은 앞으로 내가 걸어가야 할 야산과 마을들이 까마득하게 보인다.
그러니까 이 고개를 넘어 내리막길로 접어들면, 이제 피레네 산맥은 그 모습을 감추게 된다.
정말, 내 본격적인 여정으로 접어드는 기분이다.
그런데 왜 내 마음은 자꾸만 허허로워지는 걸까? 또 '나그네 타령'이라도 하려는 걸까?
아무튼 나는 나그네 마음이 되어야만 길을 가는 기분이 나니…

아, 지금 불어오는 바람에 날아가는 구름처럼 나도 그렇게 날아갈 수 있다면 좋겠다.

풍력발전 바람개비

엉뚱한 여자 B

당연한 얘기였다.

지난번 여름 길을 걸을 때 나를 감탄하게 만들면서 꼼짝 못하게 잡아두었던 해바라기 밭은 물론, 없었다. 아니, 그 밭은 그대로 있었지만 해바라기 대신 땅콩 같은 작물이 그 자리를 차지하고 있었다.

그렇지만 해바라기 밭의 기억을 더듬어가면서 나는 그때 찍었던 사진과 똑 같은 위치에서 사진을 찍기 위해 열중하고 있었다.

그때, 저쪽에서 누군가 걸어오는 소리가 들렸다.

오후엔 내내 혼자였던 내가 카메라에서 눈을 떼고 바라보니 한 순례자의 모습인데, 여자였다.

순간적으로 전에는 미국인 여교사 C가 나에게 인사를 걸어왔던 곳이 바로 여긴데… 하는 생각과 함께, 오늘도 똑같은 장소에 여자가 나타나다니… 하는 식으로 비약되었다.

그 여자는 이쪽으로 다가왔고 우리는 "부엔 까미노!" 간단하게 인사를 한 뒤, 나는 사진을 찍어야겠기에 다시 카메라에 눈을 갖다 댔다.

그 사이 그녀는 나를 지나쳤다.

다시 배낭을 메고 걸어가는데, 저쪽에 잠깐 서 있던 그녀가, "뻬레

들판 풍경

해바라기 밭은 땅콩 밭으로

그리노?(순례자라는 뜻)" 하고 물어왔다.

당연한 얘기 아니던가? 그래서 그렇다고 했다.

그랬더니 날더러 영어를 할 줄 아느냐고 물어서 스페인어가 더 쉽다고 했더니, 그녀는 반색을 하며 스페인어로 말을 걸었다.

그렇게 그녀와 동행이 되었다.

그녀는 스튜어디스인데, 한가한 겨울철이라 휴가를 내 이 길을 걷는다고 했다. 그러면서 동양인으로 혼자 이 길을 걷기에 쉽지만은 않을 것 같다며 내 걱정까지 해주는 것이었다. 그녀는 활달하면서도 스스럼없었고 그렇지 못한 나를 편하게 하는 인간미도 있어서 우리는 금방 오래된 친구처럼 친해질 수 있었다.

선선한 날씨에 이런저런 얘기를 나누며 둘이 한참을 걸어 우떼르가(Uterga) 마을을 지나자, 구릉 언덕길엔 알멘드라(아몬드) 꽃이 한창이었다. 고개 저쪽만 해도 추웠는데 여기는 봄 같았다. 그래서 내가 꽃을 배경으로 그녀의 사진 한 장을 찍어주겠다고 하니까 좋아했는데, 하필이면 필름의 마지막 장이라 셔터가 눌리다가 칙- 하면서 끝나고 말았다. 그녀도 그게 무슨 뜻인지 아는 듯, "인생은 다 그런 거야." 하며 웃었다. 물론 나도 허탈해서 웃을 수밖에 없었는데, 다시 배낭을 내려 필름을 꺼내 바꿔 끼기는 너무 번거로워서, 그냥 말았다. (그런데 그 사진이 나와 주었다.)

그런데 조금 더 걷다 보니, 주변 분위기가 환상적이었다. 길 양쪽에는 벚꽃 종류인 알멘드라 꽃이 하얗게 피어있어 마치 영화의 한 장면

속을 걷는 기분이었다.

그때였다. 그녀도 기분에 취해서였을까? 내가 묻지도 않았는데 자기 개인 신상에 대해 거리낌 없이 말을 꺼내기 시작했다.

그녀는 앞으로도 한 달 남짓 남은 4월에 결혼하기로 되어 있었다고 했다. 그래서 나는 그녀가 결혼 전에 바람을 쐬려고 왔나 보다 여겼다. 그런데 그렇게 날짜까지 잡아놓았는데, 갑자기 결혼하기가 겁이 나서 애인한테 결혼을 못 하겠다고 파혼을 선언하고 이 길을 걷기 시작했다는 것이었다.

나는 깜짝 놀랐다. 그런 얘길 아무한테나 그리 쉽게 꺼내도 되나?

그런데 그녀의 얘기는 계속되었다.

결혼 날짜를 잡아놓았는데 웬일인지 잠을 이루기가 힘들도록 겁이 나더라는 것이었다. 이미 결혼할 성당도 잡아놓고(구교국인 스페인 사람들은 성당에서 결혼을 함) 청첩장(초청장)도 돌리고 웨딩드레스도 맞춰놓았는데 도대체 자신이 왜 결혼을 하는지 몰라 파혼을 선언하고 3일 전에 이 길로 떠나왔다는 것이다.

점입가경이었다.

무엇보다도 나는 그 상대방이 어떤 사람인지가 궁금했다. 그래서 물어보니, 사업하는 사람으로 인간적으로 참 좋은 사람이라고 했다.

그래서 그런데 뭐가 문제냐니까 자기도 잘 모르겠다는 것이다. 그러니 부모님과 형제들 그리고 가까운 친구들이, 그와 싸웠느냐? 그에게 새로운 애인이 생겼느냐? 아니면 여자 쪽에 새로운 남자가 생겼느냐… 등등을 물어오며 어떻게든 그녀를 설득하고 사태를 수습하려고 했다는데, 그러면 그럴수록 더욱 불안하고 또 집안 분위기가 살벌해

져서… 어딘가 떠나야겠다고 맘먹던 중, 이 길이 제일 좋을 것 같아 무작정 떠나왔다고 그녀는 다시 한번 강조를 하는 것이었다.

그녀의 말하는 태도가 워낙 스스럼이 없어서, 웃고는 싶었지만 좀 눈치가 보였는데… 그녀가 스스로 먼저 웃었다. 그래서 나도, 맘껏 웃어젖혔다.

그랬더니 그녀는 또 다시 마치 남 얘기하듯, 자신은 미친 여자라고 하면서 깔깔깔 웃는 것이었다. 그러면서 덧붙이는 말이 또 걸작이었다.

며칠 이 길을 걷다 보니, 이 길을 걷는 사람치고 안 미친 사람이 없는 것 같다는 것이었다.

뭐야? 날더러 들으라고 하는 소린가?

그래서 나는 다시 한번 웃어젖혔다.

와 하 하 하…

그래! 그 말이 결코 틀린 말은 아니로구나.

마중 나와 준 B

와 하 하 하… (철없는 나는 다른 건 다 그만두고라도 이번엔 지갑까지 털린 채로 떠나왔으니…)

나도 그녀의 그 말에는 뭐라고 반박할 구실(?)이 없었다.

그라뇬에 가면 하모니카를…

아침을 먹는데 마리 루스가 나에게, 다음엔 '은의 루트'를 한번 걸어보라고 했다. 이제 이 길은 두 번씩이나 걸어 잘 아니, 새롭고도 조금은 덜 개발된(알려진) 그 길을 걸어보는 것도 의미가 있을 거라면서, 아마 나 같은 사람에게는 그 길이 더 어울릴지도 모른다는 것이었다. 물론 나도 그 길에 대한 얘기를 몇 번 들은 적이 있다. 첫 번째 이 길을 끝내고 바르셀로나로 돌아가는 길에, 버스에서 만났던 여자가 바로 '은의 루트'를 끝내고 돌아가던 사람이어서, 그녀로부터 상세하게 들었기 때문에 이미 웬만큼은 알고 있었다.

아무튼 한번 생각은 해보겠다고 마리 루스에게 말하면서, 배낭을 챙긴 상태로 마무리를 하는데,

"이건 뭐예요?" 하고 물었다.

청바지 천에다 또 청바지 모습 그대로를 자그맣게 만든 주머니에 들어있는 하모니카를 배낭 옆구리에 대롱대롱 매달아놓고 다니고 있는데, 대부분의 사람들이 이 신기하게 생긴 물건에 관심을 갖곤 했다. 그러다가 나중에 하모니카라는 사실을 알게 되면 크게 웃곤 했던 것인데…

하모니카

"아, 이거요? 하모니카요."

하면서 쟈크를 열어 하모니카를 꺼내 보였더니, 마리 루스도 놀라움과 재밌다는 표정으로 웃더니,

"걸으면서 하모니카를 부나보죠?"

하고 물었다.

"예, 이따금 기분 내키면 아무데서나 불곤 하지요."

대답했더니,

"그럼, 여기서 한번 불어볼 수 없어요?"

하고 신기한 듯 말한다.

"글쎄요. 뭐, 안 될 것도 없지요."

그렇게 나는 갑자기 하모니카를 불게 되었다.

내 18번 〈바람〉이었다.

생각지도 않았던 하모니카 연주에 두 부부는 숨을 죽이고 듣고 있는 모습이었다. 그리고 음악이 끝나자, 서로의 얼굴을 쳐다보면서, 박수를 치며 놀라는 기색이었다.

"한 곡 더 불어볼까요?"

하고 내친 김에 내가 신이 나서 물었더니,

"그러면 정말 고맙고말고요."

하는 것이었다.

그래서 나는 다른 곡 하나를 더 불었다. 이번엔 러시아 민요 〈아 길이여…〉였다. 역시 슬픈 멜로디였다.

다시 찾은 에우나떼를 떠나며

그리고 그들과 헤어져 나오려는데,

뭔가 하고 싶은 말이 있는 듯, 마리 루스는 조심스럽게 말을 꺼냈다.

"문, 부탁 하나 해도 돼요?"

"뭔데요?"

"문이, 하기 싫으면 안 해도 되는데…"

"뭔데요?"

"다름이 아니라, 이 길을 더 가다보면, 그라뇬이란 마을에 닿을 겁니다. 거기 성당에 J 신부님이 계시는데…"

"그런데요?"

(나는 이미 아라곤 코스를 걸을 때 만났던 두 호주인으로부터도, 꼭

본격적인 여정 **107**

그라뇬에 들러서 하룻밤을 자 보라는 권고를 받았었기 때문에, 그곳에 들를 생각은 하고 있었다.)

"거기를 지나면서, 내 얘기를 하고 하룻밤을 묵어보세요. 성당에 알베르게가 붙어있는데다가 아주 친절하게 맞아줄 겁니다. 그리고…"

" 예…"

"저녁 식사 뒤 기도하는 시간에, 그 신부님 앞에서 하모니카 한 곡을 불어줄 수 없겠느냐고요."

"예? 글쎄요. 어렵지는 않은 일 같은데, 제가 무슨 전문 연주자도 아니고 잘 부는 것도 아닌데요."

"그러면 어때요. 조금 전에 우리는 너무도 감동을 받았는데요."

"그래요? 그렇다면 한번 그렇게 해 보도록 노력은 하겠습니다."

"그런데, 하모니카를 불기 전에, 꼭 이 말을 전해 주세요."

하며 다시 말을 이었다.

"?"

" 여기 에우나떼의 마리 루스가 신부님께 보내는 음악이라는…"

"글쎄요… 그거야, 뭐…"

이어서 마리 루스가 꺼낸 이유인즉,

언젠가 한 여자 가수가 이곳을 들렀다고 한다. 그런데 그 밤도 비노를 곁들여 저녁식사를 마친 상태였는데, 그 가수가 기타를 요구하더라는 것이다. 그래서 그날 밤에 이 자리에 있던 모든 사람들이 그녀에게 주목을 하고 있는데,

"이 곡은 그라뇽에 있는 J 신부님이 마리 루스에게 보내는 노래입니다."

라고 말했다는 것이다. 깜짝 놀란 마리 루스는 너무 기뻤는데, 그 노래를 들은 뒤 얼마나 감동을 했는지 모른다는 것이다.

그러니까 그 보답의 역할을 나에게 부탁한 것이다.

그런데 그 얘기까지를 들으니, 별 거 아니라고 생각했던 일이 괜스레 책임감(?)이 느껴지면서 부담스러워지던 것이다. 내가 그럴 만한 능력이 있나? 이거 걱정인데? 이제 와서 못 하겠다고 할 수도 없고…

그래도 약속을 했으니, 어쨌거나 시도를 해 보긴 해야 할 텐데…

〈그림자〉, 2004, 수채

조그만 감동

오늘 조그만 감동을 받았다.

그저께부터 같은 알베르게에서 묵었던 스페인 친구 J Ma와 독일계 이탈리아 조각가 친구 W와 셋이서 걸어오는데, 길바닥에 희미하게 알파벳으로 쓰여진 REA라는 글자가 눈에 들어왔다. 뭔가 낯이 익은 것 같기도 하고 이상하다 싶어 다시 보니, 그 앞에도 무슨 글씨가 있었다. 날씨가 건조하다 보니 조금 말라 있긴 했지만 나무 지팡이로 적은 글씨가 분명했다. 그런데 자세히 보니 앞부분엔 이미 말라 색이 바랜 CO 자가 있는 게 아닌가. 그러니까, 'COREA'라고 적어 놓은 글자였다.

나는 정신이 번쩍 들었다. 믿을 수 없는 일이었다. 이렇게 무심코 길을 가다가 길바닥에서 그런 글자를 발견한다는 일이, 더구나 여기는 한국이 아닌 스페인 아니던가…

순간, 누군가 날 아는 사람이 적어놓았을 거라는 직감이 들었다. 왜냐면 이들에게 COREA라는 나라는 그리 친숙하지 않기 때문에, 그렇게 적어놓기까지에는 뭔가 특별한 이유가 있을 터였다.

그러면서 나는 또, 어제 길에서 만났던 스페인 여자 B가 그랬을 거라는 추측을 했다. 그래서 그리 흔할 수 없는 이 상황을 사진으로라도 남겨놓으려고 카메라를 꺼내 앵글을 맞추는데, 스페인 친구 J Ma가
"여기 '호세(Jose)'라는 이름도 적혀 있다."
하고 소리쳤다. 그래서 보니 똑같은 글씨체로 그 이름이 보였다.
그렇다면, 이 글씨는 호세라는 친구가 썼다는 말이었다. 괜히 여자가 그랬으리라고 김칫국(?)을 마신 꼴이었지만, 아무튼 반가운 건 사실이었다.

요 며칠 같은 숙소에서 머물다 나를 앞질러 간 호세라는 까딸란 친구가 있었다. 그는 이번에 길을 걸으며 만난 사람들 중, 유일하게 종교적인 신앙심으로 길을 걷는 막노동판의 노동자였다. 그저 길을 걷다보면 언젠가는 또 보게 될 거라며 헤어졌을 뿐인데, 생각해 보니 그와 헤어진 지 이틀 쯤 지난 것 같았다. 그런데 길을 가다가 그 친구가 내 생각을 하면서 글씨를 적어 놓았던 것이니, 그러니까 잘 걸어오라는 나에 대한 격려이자 인사 메시지였던 것이다.
별일은 아니지만 그래도 나는 감동했다. 그 조그마한 마음 씀씀이에…

오늘, 20여 km를 걸어오던 중이었고, 앞으로도 7-8km 정도가 더 남은 상태였는데, 꽤나 지루한 코스여서 심신이 피곤한 상태였다. 그러던 차에 곧 말라 지워질 그 글씨를 발견하고는, 약간의 감동과 함께 내 발걸음이 많이 가벼워진 것도 사실이다. 그러고 보니, 그리 오래되지 않은 시간에 그가 여길 지나갔다는 표시이기도 해서, 얼마 뒤 알베

J가 길에 써놓고 간 COREA

르게에 도착하면 그를 만날 수도 있을 것이란 예측도 할 수 있었다.

아닌 게 아니라 내가 숙소에 도착하니 얼마 뒤에 그가 나타났다.

그래서 반갑게,

"길을 오다가 적어놓은 글을 보았다."

하며 인사를 했는데, 그의 옷차림이 조금 이상했다. 금방 일을 하다 온 사람처럼 먼지가 묻어 있기에 무슨 일이냐고 물었더니, 바깥에서 일을 하다가 잠시 내가 도착했는지 와 보았다는 것이다. "무슨 일을 하다가?" 하고 물으니, 그는 여기에 도착하자마자 숙소 옆 건물 보수공사에 일자리를 얻었다고 했다. 그래서 3-4일 여기에 머물면서 일을 하다가 길을 계속할 것 같다고 하는 게 아닌가.

막노동판의 일이라 어디서든 쉽게 일을 얻을 수 있었나 보았다.

그것도 재미있었다. 이 길을 걸으면서 돈도 번다는 사실이…

묵묵하면서도 소박한 모습의 그가 그런 재주가 있다니, 신기하기도 했고, 돈에 쪼들리던 나는 그가 한편으론 부럽다는 생각도 들었다.

그래서 재주도 좋다고 했더니, 자기도 그렇게 되리라곤 상상도 하지 않았다면서, 그래서 우리는 앞으로 같이 걸을 일이 없을 것 같다고

본격적인 여정 113

〈벚꽃 핀 스페인 마을〉, 1997, 연필

했다.

그럴 것이었다. 그렇게 되면 내가 자기를 한참 앞질러 갈 것이고 앞으론 다시 못 만나게 될 확률이 높을 것이다.

그러면서 그는 자기가 찍었던 내 사진을 보낼 주소가 있어야 된다며 내 한국 주소를 물었다. 그러고 나서 바로 일을 해야 한다며 그는 다시 밖으로 나갔고, 나는 이 상황을 정리하느라 한참을 멍하게 앉아 있었다.

그리고 다음 날 아침 우리가 헤어질 때 그는 굳은 악수를 한 뒤, 나를 위해 성호를 그어주었다. 그런데 그 순간도 나는 감동하고 말았다. 그가 그어준 성호가 성당 미사 때거나 그와 비슷한 상황의 신부들이 해주는 것보다 나에겐 훨씬 더 감동적이었던 것이다.

그래서 잠깐 나는 멍– 해지기까지 했다. 그리고 이내, 나도 그의 순수한 기도에 깊은 감사를 드리면서, 그런 모습의 그에게 인간으로써 경의도 표했다.

(그렇지만 무슨 일인지 지금까지도 그에게선 사진이 오지 않는다.)

겨울 나그네

라 리오하 지방 La Rioja
까스띨랴 이 레온 지방 부르고스 주변까지 Castilla y Leon, Burgos

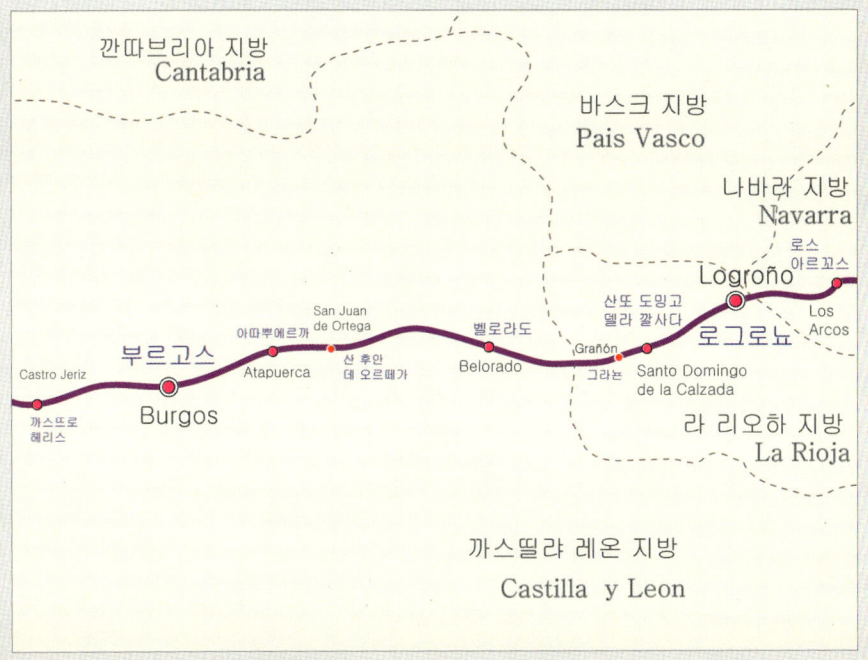

아, 알 수 없는 세상이었습니다.

문득, 이대로 내가 없어진다 해도(눈에 묻혀 사라진다 해도)
내가 살던 세상과는 아무 상관없는 일이 될 것이라는 생각이 들었습니다.
그저 눈 속에 파묻히는 걸로, 모든 게 그렇게 소리 없이 잊혀질 것이었습니다.

> 편지

겨울 베짱이

오늘 '비노 샘(공짜로 포도주가 나오는 곳)'을 지나면서 빈 병에 가득 술을 채운 뒤, 나는 기분 좋게 산마을과 너른 구릉 들판을 걷고 있었습니다.

구불구불 구릉 길을 한 구비 돌면 또 다른 구릉이 펼쳐지면서 마치 옆으로 누운 여인의 몸처럼 보드라운 곡선이 춤을 추듯 이어지고 있었습니다.

바람은 살랑대고 하늘의 구름도 두리둥실 떠다니면서 이따금 그림자를 만들어 들판의 색깔을 바꿔놓다간 다시 제자리로 갖다놓곤 했습니다.

그런 들길을 걸으며 아까 비노 샘에서 병 가득 받아온 비노를 꼴짝꼴짝 마시다 보니 아, 내가 마치 신선이라도 된 기분이었습니다. 그럴 리는 없었지만, 누가 날더러 김삿갓 같다고 해도 좋고, 또 내 스스로 이태백의 흉내라도 내보고 싶은 심정이었습니다.

나도 모르게 흥얼거리던 노래는 어느새 목청을 돋우고,

"산 넘어 넘어 돌고~ 돌아~"

목소리도 끊겼다 이어졌다… 매끄럽지는 않았지만 아무도 없는 들판에서 소리 높여 노래도 불렀습니다.

행복했습니다. 이 세상에 살아있다는 게 행복한 것 같았습니다.

이렇게 술을 마시면서 아름다운 들판 길을 걸어가는 맛을 여기 아니면

편지

〈이라체를 지나며〉, 2004, 연필

어디서 느끼랴? 내 기분이 한껏 고조되고 있었습니다.

　그런데 그 행복은 마냥 훈훈하지만은 않았습니다. 어쩐지 휑하고도 서글픈 것이기도 했습니다.
　그건 아마 이 수수께끼 같은 길을 걷기 때문일 것이리라… 하는 생각이 드는가 싶었는데, 문득 평소에도 내가 즐겨 쓰는 말인 '베짱이' 생각이 드는 것이었습니다.

겨울 나그네

> 편지

　이솝 이야기에 나오는 '개미와 베짱이'에서, 베짱이요.

　가난한 화가인 나는 늘 내가 베짱이 같다는 생각을 하며 살거든요. 그리고 이 세상에는 나 같은 '베짱이 과(科)' 사람들도 있거든요. 평소에, 아니 남들이 보거나 말들 할 때도, 나는 어쨌거나 '개미' 같은 사람은 아니거든요. 남들처럼 잘 살아보겠다고 열심히 땀 흘려가며 일하지 않는, 그러니까 여름철에는 풍류만 즐기다가 추운 겨울철엔 추위와 굶주림에 떠는 삶을 살아가는(비록 내 딴에는 그림은 열심히 그린답시고 살아가지만 여전히 가난에 허덕이는) 그런 부류요.

　더구나 지금의 난 쪼들리는 돈으로 겨우 끼니만을 연명한 채 춥고 먼 들판 길을 떠돌이처럼 돌아다니고 있으니까요.

　그리고 보니 나는 지금 '겨울 베짱이'로군요. 힘조차 쓸 수 없는…

　순간, 콧등이 시큰해졌습니다. 그렇지만 얼른, 그건 들판에서 불어오는 찬바람 때문이라고 핑계를 대면서, 나는 아직도 충분히 남아있던 비노를 한 모금 마시고는, 내 앞으로 구부러진 춤추듯 멀기만 한 들길을 구불고불 춤을 추듯 휘청대며 걸어가고 있었습니다.

그런 내 모습은 어쩌면 영락없는 힘 빠진 겨울의 베짱이 모습일 터였습니다.

혹시 저 들길이 끝나면 이 허허로운 행복도 끝이 날까?

그런 생각이 들어, 나는 얼른 술병을 다시 입에 갖다 댔습니다.

〈행복 한 잔, 인생 한 잔〉, 2001, 펜, 수채

매일 아침 떠나는 내가…

포도주로 유명한 라 리오하 지방의 주도 로그로뇨 시에 도착하면서 그 동안 며칠 동행이 되었던 스페인 친구 J Ma, 그리고 이태리 조각가 W와는 뿔뿔이 헤어졌다.

J Ma는 가족이 있는 마드리드에 돌아가야 했고, W는 다음 알베르게까지 계속해서 가고, 나는 여기서 하룻밤을 머물 생각으로 셋이서 각자의 길로 가게 된 것이다.

우리가 로그로뇨에 도착하자 갑자기 눈발이 굵어지기 시작했다.
아직은 이른 시간에 도착했기 때문에 숙소가 닫혀 있어서, 나는 한국에 편지를 부치려고 우체국을 찾아 나섰다. 사람들에게 물어물어 우체국을 찾아가는데 눈은 점점 더 거세지고 있었다.

우체국 안은 따뜻했다. 그렇지만 거기에 죽치고 앉아 있을 수는 없었다. 무엇보다도 내가 짊어지고 있던 배낭에서 우체국 대리석 바닥으로 물이 뚝뚝 떨어져서 근무자들에게 미안해서였다. 그래서 서둘러 우체국에서 나왔는데, 조금 걷다 보니 시외버스 정류장이 부근에 있었다. 순간, '그(J Ma)는 떠났겠지?' 하는 생각이 들었는데 내 발걸음

로그로뇨 입구의 기부금 장소. 노파가 죽은 뒤 그 큰 딸이 대를 이어 그 일을 하고 있다.

이별에 앞서 셋이서 사진을 찍었다.

은 저절로 버스터미널로 향하고 있었다. 아무래도 나그네인 나는 그런 곳에 가 있어야 마음이 편하기 때문이기도 했다. 어차피 무거운 배낭을 짊어진 꾀죄죄한 행색이라, 마치 어딘가로 떠나는 사람처럼 터미널에서는 앉아 있어도 되고, 노트를 내놓고 뭔가를 끄적여도 되고, 간단하게 먹을 걸 먹어도 되고… 남들의 시선을 의식할 필요도 없고 남들도 그런 내 모습에 관심 둘 일이 없는 곳이니까.

그렇게 버스 터미널에 들어갔는데, 생각보다 작은 대합실엔 많은 사람들로 차 있어서 내가 끼어들어 앉을 틈도 없었다. 그리고 그 스페인 친구가 여태까지 남아 있을 리도 없었다. 그래서 일단 대합실에서는 나와 버스를 타는 곳으로 갔는데, 추워선지 거기의 벤치는 비어 있는 게 많았다. 나는 그 중의 하나에 배낭을 내려놓았다.

함박눈이 펑펑 쏟아지고 있었다.

그렇게 앉아 수첩을 내 몇 자 적고 있었는데, 내 앞에는 곧 떠날 것

함박눈이 내리는 로그로뇨 시외버스 터미널

으로 보이는 버스 한 대가 도착하더니 문을 열었다. 그러자 내리는 사람들과 떠날 사람들 몇이 버스에 오르내리는 모습이 보였는데, 때마침 내리는 함박눈에 가려, 어째 마치 꿈속처럼 아른거렸다.

문득, '아, 나도 어디론가 가고 싶다.'는 생각이 들었다.

그 버스를 타고 복잡한 시내를 빠져나가면, 차창으론 함박눈이 가득히 내리는 들판이 펼쳐질 것이었다. 버스에 타고 차창으로 내리는 눈을 봐도 좋을 것이고 그대로 달콤한 낮잠을 자도 편할 것이었다. 아니면 정말, 아무 버스에나 내 몸을 들이민 뒤, 이 함박눈이 날리는 풍광 속으로 하염없이 빠져들어도 좋을 것 같았다.

나도 참 큰일이다. 이렇게 떠나와서, 매일 아침 떠나는 생활을 하고 있는 내가 또 어디로 떠나려 한단 말인가.

나는 얼른 배낭을 다시 짊어지고 버스터미널을 빠져나왔다. 거기에 그대로 앉아 있다간 그런 생각에 젖어, 정말 걷기도 포기한 채 또 어딘가로 떠날 것 같아서였다.

그라뇬에서의 명(明)과 암(暗)

 미리부터 그라뇬에 들를 생각을 가슴에 담아오던 터라, 오늘은 6km밖에 안 되는 짧은 거리를 걸어왔다. 아라곤 코스에서 만났던 두 호주인도 '이 길에서 가장 아름답고 기억에 남는 밤'이라면서 강력하게 추천을 했고, 마리 루스의 간곡한 부탁도 있었던 곳이라 그라뇬을 향하는 내 기대 역시 여느 때와는 달랐다.

 어제 산토 도밍고 델라 깔사다에서 조금 어수선하게 잠을 잤고, 아침에 일찍 나온 편이라 그라뇬에 도착하면 시간이 많이 남을 터였다. 다른 사람들은 다음 거점 도시인 벨로라도까지 서둘러들 갔지만, 나는 그라뇬에 묵기 위해 일부러 천천히 걷고 있었다.

 천천히 걸어왔어도, 오전 11시 반 경에 그라뇬에 도착했다.
 그렇다고 마땅히 가 있을 데도 없고 해서 성당 주위를 배회하다가, '이 알베르게가 어떻게 생겼나?' 하면서 안으로 기웃기웃 했더니, 청소하는 사람으로 뵈는 한 사람이 여기서 머물려고 그러느냐고 물었다. 그러고 싶은데 너무 일찍 도착해서 주위를 한 바퀴 돌아보는 중이라고 했더니, 왜 추운데 그러냐며 어서 들어오라고 문을 열어주었다. 그가 바로 관리자였다. 배낭을 내려놓자, 그는 벽난로의 장작에 불을

붙여주기까지 하는 것이었다. 그러면서 점심을 같이 먹자고 했다. 나는 깜짝 놀라며

"저녁을 제공하는 걸로 알고 있는데요…"

했더니, 일찍 도착하는 사람에게는 점심을 같이 먹기도 한다는 것이다. 고맙기도 했지만 너무 미안했다.

아무튼 밖은 쌀쌀했는데, 이런 따뜻한 대접을 받다 보니 마음이 녹아내리는 기분이었다.

그라뇬의 알베르게엔 그날따라(관리자의 말로는 그 전날엔 아무도 오지 않았다는데) 일곱 명이 뭉쳐 다니는 한 그룹이 도착해 상당히 어수선했다. 그런데 사람이 많다 보니 그 중에는 조금 이상한 사람도 있게 마련이었다.

그 그룹 중에는 까딸루냐 출신이 한 사람 있었는데, 나이가 그 중에서 제일 많은 듯(꼭 그렇지만은 않을 수도 있다.) 대머리였다.

그들은 오후에 도착했기 때문에, 관리인 J는 보다 많은 식구의 저녁식사를 준비해야만 했다.

그렇게 저녁 시간을 보내는데, 직인을 받으러 근처의 한 바에 나갔다 돌아온 그들의 손에는 비노가 몇 병 들려 있었다. 먼 길을 걸어온 뒤 저녁 시간에 내일의 일정과 걸어왔던 얘기들을 나누면서 비노나 맥주 한 잔씩을 마시는 게 이들의 생활이라 이상할 것 하나 없었는데…

그들 중 산 세바스티안에서 왔다는 역시 이름이 J는 같이 있던 나와

그라뇬에 들어가는 초엽의 이정표

그들보다 일찍 도착했던 아르헨티나 젊은이에게도 비노를 한 잔씩 권했다.

고맙다고 인사를 하고 받아 마셨다.

비노 한 잔이야, 금방 마시는 거라… 내가 잔을 비우자 그는 기다렸다는 듯이 또 한 잔을 따라주었다.

미안했다. 그래서 고맙다며, 이제는 됐다고 말해주었다.

그런데 그 까딸란(까딸루냐 사람을 지칭)은 자기 그룹의 사람들에게만 술을 돌려 따라주고 나와 아르헨티나 젊은이 둘만 쏙 빼 놓는 것이었다. 바스크인(산 세바스티안은 바스크 지방에 속한 도시라 그렇게 지칭)과는 대조적이었지만, '뭐, 그럴 수도 있겠지.' 하고 생각했다.

처음 보는 사람에게 굳이 아까운(?) 비노를 나눠주고 싶지 않았을 수도 있으리라… 그러나 그렇게 벽난로 주위에 모두들 둘러 앉아 비노와 맥주를 마시고 있었는데, 자기 비노는 우리 둘만 빼놓고 그들에게만 따라주니, 우리는 꿔다 놓은 보릿자루처럼 남의 잔칫집에 초대받지 못한 채 가 있는 것같이 기분이 이상해지던 것이다.

'이런 게 '왕따'라는 것인가?' 하는 생각도 들었다. 먹는 걸 가지고 그런 생각을 한다는 게 어째 치사한 것 같기는 했지만, 아무튼 갑자기 분위기가 조금 이상해져가고 있었다.

나는 그 분위기가 싫었고 또 벗어나려고 일부러 벽난로에서 조금 떨어진 다른 탁자로 자리를 옮겼다. 그리곤 가이드북을 뒤적이며 다음 일정을 계획하고 있는데, 바스크인이 내 쪽으로 오더니 다시 비노를 따라주려고 했다.

이미 두 잔을 얻어 마셨기 때문에, 미안하기도 한데다 고맙기도 해서 괜찮다고 해도 그는 상냥한 웃음까지 지으면서 술잔에 비노를 채워주곤 다시 그 쪽으로 가곤했다. 그러다 보니 아무래도 바스크인의 비노가 먼저 떨어졌고, 그러자 그들은 까딸란의 비노를 계속 마시고 있었다.

좀 그랬다.

차라리 그 자리에 없었으면 모를까, 같은 공간에 있는 사람들끼리 그깟 먹는(마시는) 일에 갈등을 느끼며 섞여 있다는 사실이…

그렇게 아르헨티나 젊은이와 나는 한쪽에 앉아 있었고, 그들은 벽난로를 차지하곤 왁자지껄 떠들어대고 있었다.

사실, 우리가 먼저 이 알베르게에 도착했고, 어떤 구실로도 그런 소외감을 느낄 일은 없었는데도 그 일로 인하여 분위기가 이상하게 바뀌어버린 것이다.

그런데 이제 비노가 다 떨어진 모양이었다. 다시 바스크인과 까딸란 둘이 나가더니 이번에는 각자 한 병씩의 비노를 들고 돌아왔다.

여지껏의 상황이 그랬기 때문에 난 그 자리에 있는 게 싫었지만, 그렇다고 이미 어두워진 밖으로 나갈 수도 없었고 다른 공간이 있는 것도 아니어서 하는 수 없이 그곳에 있을 수밖에 없었다.

그런데 바스크인은 다시 비노 병을 들고 와서 우리의 잔에다 따라주려고 했다.

겨울 나그네 **131**

그래서 나는 아니라고, 고맙지만 그만 마시겠다고 했는데, 그는 괜찮다며 나에게 한 잔을 더 따라주는 게 아닌가.

물론 그 까딸란은, 이제는 아예 우리 쪽에다 등을 돌리고 자기 동료들의 잔에만 채워주면서 우리는 그의 안중에도 없다는 듯 사람 차별을 하고 있었다.

결국 저녁 시간이 되어, J(하필이면 오늘따라 J 이니셜의 사람들이 왜 이리 많은지…)신부님이 들어왔고 아무것도 모르는 신부님은 각자와 따뜻한 인사를 나누었고, 그 바늘방석 같았던 분위기는 끝이 났다.

이어서 식탁이 준비되었다. 우리는 모두 나서서 식탁 준비하는 걸 도왔기 때문에 금방 저녁상이 차려졌다.

그런데 무슨 일인지 그 까딸란은 신부님 옆자리를 피하는 눈치였는데, 그러다 보니 우연인지는 몰라도 내 정면에 앉게 되었다. 그런 사람과 마주보고 앉아서 식사를 하는 일이 썩 기분 좋은 일은 아니었다.

그제서야 나는 조용히 그 신부님에게 마리 루스 얘기를 꺼냈다. 물론 하모니카 얘기도 꺼낼 수밖에… 그런 내 얘기를 듣자 신부님은 깜짝 놀라면서도 반가운 표정으로 그는 일단 저녁을 먹고 그 뒤 기도 시간에 하모니카를 불어보자고 했다.

그리고 기도를 한 뒤 모두가 저녁 식사에 들어갔는데…

메뉴는 스파게티와 피자였다. 관리인 J의 솜씨가 좋은지 음식은 맛도 있었고 양도 풍부해서 배부르게 먹고 있는데, 갑자기 내 앞에 앉아

〈이방인〉, 1996, 연필

〈상처 받은 이방인〉, 1996, 연필

있던 그 까딸란이 나에게 식탁에 있던 비노를 따라주려는 제스처를 취하는 게 아닌가. 그 비노는 식사용으로 알베르게에서 준비를 했던 것이었다. 그래서 나는 정색을 하며 사양했다. 그랬더니 그는 내가 비노를 안 마시려는 줄 알고 이번에는 물을 따라주려고 했다.

나는 그의 얼굴을 빤히 바라보면서 이번에는

"내 잔에는 아직 비노가 남아 있으니 물과 섞어 마시고 싶지 않소."

하고 말해주었다.

내 잔의 바닥 부분엔 분명 비노가 조금 걸쳐 있었으니까.

사실 나는 그가 따라주는 비노를 마시고 싶지 않아서 거절했던 것이다. 그 비노는 그와는 상관없이 내 스스로 얼마든지 따라 마셔도 되니까. 굳이 그가 따라주는 비노를 받아 마시고 싶지는 않았다.

그는 조금 무안해 하는 것 같았다. 그럴 수도 있었다. 그렇지만 나는 그의 친절을 받아주고 싶지 않았다. 그건 내가 요구했던 것도 아니어서 내 스스로의 판단에 의해 거절해도 되는 일이었고, 나도 그런 사람의 친절(친절을 가장한)을 거절할 권리 정도는 있었다. 게다가 내가 그런 자리에서 그 같은 사람에게 인간적인 예의를 차릴 이유는 없었으니까. 여태까지는 그렇게 사람 차별하는 행동을 한 사람이 신부님과 함께하는 식탁에선 갑자기 행동이 180도로 바뀌어 인정 많고 관대한 모습으로 확 바뀌어 있는 모습이 우습기까지 했다.

내가 별 말 없이 식사만을 하자 그 식탁의 유일한 홍일점이었던 저쪽에 앉아 있던 여자가

"저기 한국 사람은 지루하겠다."

하고 말하는 것이었다.

내가 그쪽을 바라보자, 우리끼리 스페인 말로만 대화를 하면 한국 사람(나)이 지루할 테니, 화제를 돌리든지 아니면 영어 할 줄 아는 사람은 영어로 그와 대화하는 게 어떻겠느냐고 제안까지 하면서.

그래서 내가 웃으며 괜찮다고 말하는데, 이미 나와 대화를 나누어 보았던 아르헨티나 청년이 나서면서

"저 사람은 이미 바르셀로나에서 4년간 살아서 스페인 말을 거의 완벽하게 할뿐더러 우리가 하는 말을 이해하는 데는 전혀 문제가 없는 것 같은데요."

하고 내 대신 말을 해주었다. 부탁한 것도 아닌데…

그때였다. 그 까딸란이

"아, 그래요? 바르셀로나는 아름다운 곳이죠? 살기도 좋고…"

하면서 내 동의를 얻어내려고 반색을 하면서 묻는 것이었다. 원래 까딸란 사람들이 바르셀로나나 까딸루니아에 대한 얘기만 나오면 그런 식으로 자랑을 하고 싶어 안달을 낸다는 것도 나는 잘 알고 있었다. 거기서 살아봤으니까.

그래서 나는 다시 무뚝뚝한 어조로

"물론 바르셀로나는 아름다운 곳이지. 그렇지만 이 세상 어디든 좋은 점 나쁜 점이 다 있는 것이지, 꼭 바르셀로나라고 해서 모든 게 다 좋을 수만은 없는 거 아니겠소?"

라고 핀잔조로 말해주었다.

"맞아, 좋은 대답이야."

그 자리의 다른 스페인 사람들이 맞장구를 쳤다. 나는 그것도 잘 안

다. 하도 까딸란 사람들이 잘난 체를 잘 하고 자랑을 많이 해대니까 스페인 내의 다른 지역 사람들이 까딸란의 그런 특성을 못마땅하게 여긴다는 사실마저도. 그리고 이어서

"내가 비록 거기서 몇 년을 살았지만, 그래서 나 역시도 바르셀로나를 좋아하긴 하지만, 이번에 이 길을 떠나오기 전에도 내 지갑을 털어 간 곳이 바로 바르셀로난데?"

라고 덧붙였더니, 다른 사람들이

"아, 그런 일이 있었군요."

하면서 스페인 사람들 특유의 상대방에 동조하겠다는 투의 웅성거림이 식탁에 흘러나왔다.

그렇게 저녁 식사가 끝날 무렵, 신부님이

"성당은 추울 테니 옷을 단단히 입고 갑시다."

하는 말에 우리 모두는 겉옷을 걸치고 성당으로 향할 준비를 했다. 그런 뒤 신부님을 앞세우고 성당 내부와 통하는 통로를 통해 성가대들이 노래를 부를 법한 성당 2층으로 갔다. 그런 다음 신부님을 따라 성경 한 구절을 같이 낭송하고, 각자 언제 산티아고에 도착할 건지 예상 날짜를 알린 다음 (그러면 신부님이 산티아고에 도착하는 날까지 계속해서 날마다 기도를 해준다고 함.) J신부님의 기도에 합장을 했다.

그런 뒤에 신부님이 나에게 하모니카를 불어달리고 부탁을 했다.

그래서 우선, 나는 전문 연주자가 아닌 아마추어라 하모니카를 잘 불지는 못한다고 말을 꺼냈다. 그러면서 내가 왜 하모니카를 불려고

〈성당에서 들려오는 합창〉, 1998, 펜

하는지에 대한 얘기도 꺼내야만 했다. 에우나떼를 지나오면서 마리 루스라는 관리인이(내가 그 얘기를 하자, 거기엔 마리 루스에 대해 아는 듯한 사람도 있었다.) 신부님께 불어달라는 부탁으로 인해서 이 곡을 불게 되었다는 경위를 설명 한 뒤, 하모니카를 불기 시작했다.

　조금 추운 곳이긴 했지만, 성당 제단엔 불이 켜 있어서 금색으로 장식된 성당 내부 분위기는 성스런 느낌이었다. 그렇게 성가대원들이 노래 부르는 2층에 둘러앉은 아홉 명의 사람 앞에서 나는 〈바람〉을 불었다.

겨울 나그네 **137**

하모니카를 불면서 내 스스로 느끼기에도 성당 내부에 울리는 소리는 아름답고 또 묘한 분위기를 자아내는 것 같았다. 아무래도 많은 관중들 앞에서 부는 거라 떨리기도 했지만, 나는 실수 없이 불려고 무척 애까지 쓰고 있었다. 그래서 그랬는지 내가 하모니카를 불면서 생각해도, 실수 하나 없이 이번엔 아주 잘 불어지고 있었다. 내가 듣기에도 감상에 젖을 만한 음악이었다.

그렇게 음악이 끝나자 박수가 나오긴 했는데, 어째 썰렁했고 사람들은 잠잠하기만 했다.

"?"

오히려 당황한 쪽은 나였다. 아니, 멋쩍었다. 그때 신부님만이 내 손을 꼭 잡더니,

"문, 고맙습니다."

하고 인사를 해서야 조금 덜 무안한 느낌이었다.

모두가 일어나 다시 알베르게로 돌아오는데, 그제서야 사람들은 수군대기 시작했다.

하모니카 곡에 저렇게 아름다운 곡도 있냐는 둥, 아마추어가 어떻게 그리 잘 불 수 있느냐는 둥… 모두들 한 마디씩 거들며 완전히 다른 분위기로 바뀌고 있었다.

아마, 성당 내부에선 모두들 얼어 있었나 보았다. 어쩌면 성당 안이기도 했고 또 신부님과 함께 했던 엄숙한 분위기에 압도되어서 그랬나 보았다.

아무튼 그렇게 알베르게로 돌아왔는데, 누군가 그 음악을 다시 한

번 불어봐 달라고 부탁을 하면 어떻겠느냐고 하는 소리가 들리는가 싶더니 그들은 한 목소리가 되어 나를 둘러싸며 난리였다. 그래서 나는 '이제 밤이 깊었으니 그만 부는 게 낫겠다.'고 미안하다며 안 불려고 했는데, 모두들 박수를 치면서 여기는 우리만의 침실이니 괜찮다며 물러설 기미를 보이지 않았다. 그때 내 눈에 띈 게 저 뒤쪽에 있던 까딸란이었다. 그는 내 눈치를 슬금슬금 보면서 낮의 그 기세는 어디 갔는지 아무 말도 없었고 나와 눈을 마주치는 것조차도 피하려고 했다.

여태까지 그런 상황을 다 보아서 알고 있었던 아르헨티나 청년도, 그 까딸란과 나를 번갈아 바라보면서 의미 있는 웃음을 짓는 것도 보였다.

그 사이 눈치 빠른 기분파 바스크인은 자기가 돌아올 때까지 기다려 달라더니 금방 다시 비노 한 병을 사왔고, 비노를 따라주면서 나에게 다시 한 번만 하모니카를 불어 달라는 부탁을 간곡하게 하니, 다시 박수가 터져 나와…

그 비노 한 병으로 다시 채운 잔을 부딪히며 우리는 그라뇬에서의 밤을 축하했다.

나는 눈을 감고 다시 〈바람〉을 불기 시작했다.

눈 내리는 저녁

오늘은 눈이다.
종일 눈길을 걸어왔고 지금도 창밖에는 눈이 내리고 있다.

어제 저녁 무렵에 눈이 내리기에 그러려니 했다.
스페인이야 높은 산악지역 빼고는 눈이 오면 그저 날리다 녹아버리기 때문에, 싸락눈이 조금 날리기에 날씨가 추워 그러는가 보다 했다.
그런데 아침에 알베르게에서 나오면서 보니 마을의 지붕들이 제법 하얗게 덮여 있어서 조금 놀랐는데, 그래도 길들은 이미 녹아 있어서 역시나 했었다.
그런데 걸으면 걸을수록 길엔 더 많은 눈이 쌓여 있었다. 그래서 안내 책자를 보니 이 지역이 해발 1,000m가 넘는 고원지대였다.

처음엔 사각사각 눈 밟는 소리를 내며 걸었는데, 갈수록 눈이 많아지면서 어떤 곳은 발이 푹푹 빠지기도 했다. 더구나 심한 안개마저 껴 있어서 앞을 분간하기 힘든 곳도 있었다.
앞에도 뒤에도 뿌연 눈길…
썩 춥지는 않았던 것 같은데, 계속 걸었는데도 등에서조차 땀이 나

눈 길의 십자가

눈 길의 나무들

질 않았다. 그만큼 춥다는 말이었다. 길가의 나무와 풀들에 두꺼운 눈꽃이 하얗게 맺혀 있는 것만 봐도…

가끔, 스페인의 이런 눈 내리는 모습도 사진으로 남겨두고 싶었지만, 뿌옇게 내리는 눈 풍경이라 사진도 잘 나오지 않을뿐더러 떨어지는 눈송이에 가려 사진을 찍을 수조차 없기도 했다.

그런데 산과 숲이 끝나면서 이어지는 길은 희한하게도 눈이 녹아 있었다. 그렇게 눈도 끝나나 보다 했다.

저녁 무렵에 도착한 가난하고 조그만 마을 산 후안 데 오르떼가(San Juan de Ortega) 알베르게는 큰 수도원 옆에 있는 곳인데 관리자마저 없었다. 그런 환경에 비해 알베르게는 유난히 커서 어쩐지 어울리지 않은 느낌인데다 썰렁하기까지 했다. 난로는 물론 뜨거운 물도 나오지 않는 을씨년스런 실내에 2층 침대만 열댓 개 놓여 있어, 지나가는 순례자들이 바람만 피해갈 정도로 열악한 곳이었다. 물론 지저분한 담요는 몇 개가 있긴 했지만 자기가 가지고 다니는 침낭 없이는 밤을 샐 수도 없을 것 같았다. 게다가 며칠 전에 묵었던 사람들이 버린 것 같은, 그래서 비우지 않은 쓰레기통을 도둑고양이가 들어와 헤쳐 놓은 듯 비닐 조각이 너저분하게 어질러진 걱정스런 곳이기도 했다.

오늘도 나를 앞질러 갔던 사람들 몇이 있었는데, 그들은 여기서 6km쯤 더 가면 있는 다음 숙소로 떠나버린 모양이었다. 나도 떠날까? 생각하긴 했지만, 시간이 어중간했다. 곧 어두워지는데 눈길을 떠날 수는 없었다. 그래서 하는 수 없이 찬바람만 휭 도는 정 떨어지

산 속에서 잠깐 눈이 멈춘 사이에 사진을 찍었다.

게 생긴 숙소에 나는 짐을 풀 수밖에 없었다.

하기야 내가 굳이 고행을 자청해서 온 순례자는 아니지만, 이런 상황을 피해 도망가고 싶은 생각은 없었다. 이 길에선, 그리고 겨울 길에선 이보다 더 안 좋은 조건이라도 견뎌내고 걸어야 하지 않겠는가. 그리고 이미 여기까지 걸어오면서는 어느 정도 이런 상황에 대응할 자세와 또 받아들일 적응력도 생겨 있을지도 모를 일이긴 했다. 바르셀로나에서 지갑을 털렸을 때부터 이런 고생은 예상을 했어야 했고 또 각오도 했다.

어차피 내가 택했던 일이고, 헤쳐 나가야 하는 것도 다 내 몫일 거였다.

이 마을엔 가게는 없고 조그만 바가 하나 있는데, 지난번 여름에 걸었을 땐 그 바에서 먹었던 음식 때문에 체해서 고생을 했던 기억이 있어, 나는 바에는 갈 생각도 하지 않았다. 그러니 내 배낭에 들어 있던 먹을 것만으로 허기를 채워야만 했다. 우선은 몸에 칼로리를 공급하기 위해, 아직 남아 있는 미숫가루를 찬물에 타 마시고 (그랬더니 더 추워졌다.) 조그만 참치 캔 하나도 스푼으로 떠먹었다. 빵도 없이 맨 참치만을 먹다 보니 느끼한 기름기가 입 주변에 척척 감겨오는 느낌이었다. 그래도 이 추운 밤을 보내려면 하는 수 없었다. 그런 뒤 귤 하나 남은 걸로 입가심을 하는 것으로 내 훌륭한(?) 식사를 마쳤다.

그리고 눈 진흙탕 길을 걸어와 여전히 물기가 배어 있던 신발을 벗었다. 아무리 춥다고는 해도 발은 씻어야만 했다. 하루 종일 걸어왔던 발인데다 신발마저 젖어서 발도 퉁퉁 불어 있어서 찝찝했던 것이다. 그런데 화장실의 물이 어찌나 차던지, 발에 물이 닿는 순간 이건 물이 아니라 무슨 흉기 같았다. 그렇게 진저리를 쳐가며 발도 씻었다.

이제는 잠자리를 정리해야만 했다. 아직은 초저녁이었지만(아직 땅거미도 지지 않았지만) 빨리 침낭 속으로 들어가고 싶었.

비록 바깥보다는 낫겠지만 냉기만 도는 실내여서, 침낭 밑으로 내 온기가 빠져나가지 않게 깔판을 올려놓기로 했다. 그런 뒤 그 위에 침낭을 깔고 또 그 위에 담요 세 개를 겹으로 덮어놓고는 흐트러지지 않도록 조심조심 침낭 속으로 몸을 들이밀었다.

실내의 불을 끄고 누우니 어두워져가는 창으로 눈 내리는 모습이 희미하게 보였다. 함박눈이 아닌 싸락눈 비슷한 가는 눈이었다.
그래, 저런 눈이 내리기 시작하면 많이 쌓이지… 아, 날은 점점 어두워져 가는데, 저 소리 없이 내리는 눈은 정말 밤새도록 내릴까? 이 긴 밤, 그리고 내가 이렇게 초저녁부터 잠자리에 들어 한밤중이나 꼭 두새벽부터 잠이 깨어 멀뚱멀뚱 눈을 뜨고 아침을 기다리는 동안까지, 저렇게 눈이 내린다면… 얼마나 많은 눈이 쌓일까? 이 건물까지 다 덮어가지는 않을까?

추위와 피곤에 젖었던 몸이 조금씩 풀어져 갔다. 그리고 내 침낭 안도 이제는 다소간의 온기가 느껴지면서 몽롱한 기분으로 빠져 가는가 싶었는데, 문득 내 마음 한쪽에는 이런 생각이 자리를 잡고 있었다.

그건 그렇고, 내가 내일 아침 날이 밝을 때까지 이런 춥고 누추한 곳에서 살아남아 있긴 할까?

(그렇게 초저녁에 잠이 들어 한 밤중에 잠에서 깬 나는 그 밤 시간이 너무 힘들어서, 차라리 그림이라도 그리자며 담요를 덮어쓴 채 수채 드로잉 하나를 했다. 다음 페이지 그림 참조)

〈눈 내리는 산 후안 데 오르떼가 알베르게〉, 2004, 수채

또 다른 '베짱이'

부르고스 알베르게에 한 네덜란드인이 있었다.

내가 부르고스 알베르게에 도착하면서 바로 내 뒤에 따라 들어왔던 그는 오후 내내 보이질 않더니 밤 9시가 넘은 시각에 흰 눈을 뒤집어 쓰고 나타났다.

내가 여기에 도착하면서 우리는 밖에서 잠깐 빵을 나눠먹다가 알베르게에서 문을 열어주는 바람에 거의 같이 들어왔었는데… 그런 뒤 나는 짐을 챙기느라 그가 어디로 갔는지 알 겨를이 없었다. 다만, 여기는 워낙 유명한 고도(古都: 유네스코가 지정한 세계문화유산의 한 도시)라 다른 사람들처럼 시내 구경을 갔나 보다 했을 뿐이다.

그래서 눈을 다 털고 자기 자리로 돌아온 그에게, 오후 내내 시내 구경만 하고 돌아다녔느냐고 물었더니, 시내 구경을 나갔던 게 아니고 길을 걷다가 돌아오는 중이라고 했다.

"무슨 길?"

하도 의아해서 내가 물었더니, 오히려 그가 멀뚱하게 서 있더니 가이드북을 가져오면서 지도를 가리키며 오늘 걸었던 길을 표시하는 것이었다.

그는 여기 부르고스에서 산티아고 쪽으로 약 15km를 걸어갔다가

다시 이 알베르게로 돌아왔다고 했다. 그러니까 오늘 오후에만 30km를 걸었다는 것이었다.

오늘 낮에 알베르게 밖에서 만났을 때 그는 이미 나에게 내일 암스테르담에 돌아갈 거라고 했었는데… 그런 그가 배낭을 놓아두고 가벼운 몸으로 오후 내내 눈 내리는 밤길을 걷다가 돌아왔다니, 무슨 그런 일이 있을까? 도무지 믿기 어려운 일이었다.

도대체 무슨 생각으로 그런 일을 했을까 하는 호기심에 찬 내가 그에게 이것저것을 더 물어보았는데…

그랬더니 그는 산티아고 가는 길로만 걸어온 게 아니라, 지금까지 자기 멋대로 스페인의 여기저기를 걸어다녔다고 했다. 물론 산티아고 가는 길목에 있는 숙소를 어느 정도는 이용을 하고(퍽 경제적이므로), 이 길에서 많이 벗어난 다른 마을에 들렀을 때는 마을회관 같은 곳을 빌어 자고, 어떤 때는 산 속에서 텐트를 치고도 잠을 잤다고 했다.

그러니까 그는 이 '산티아고 가는 길'을 제 코스로 걸어다닌 게 아니라, 이 길을 중심으로 여기저기 옆으로 새 자기 맘대로 발길 닿는

대로 걸어다녔다는 것인데,

이런 겨울에? 그것도 요즘엔 눈이 제법 내리지 않았던가. 그래서 그의 배낭이 그리 크고 무거워 보였던 것이로구나…

부르고스 알베르게 앞에서 네덜란드인 친구와 함께.

부르고스 대성당

아니, 이런 사람도 있나? 신기하기도 경이롭기도 했다.

나는 상상을 뛰어넘는 사람을 만나고 있었던 것이다.

문득, 내가 그저 힘없는 '겨울 베짱이'라면 이 사람은 힘 있는 '겨울 베짱이'일 것 같았다. 그만큼 나는 놀라웠고 한편으론 그를 존경하기도 했다. 물론 그의 소박하고 진지한 말투와 표정에 깊은 호감까

〈몽상가〉, 2000, 수채

지 갖기 시작했다.

역시, 이런 길을 걷다 보면 이런 사람도 만나는 행운을 얻을 수도 있다는 것이다.

그러나 그는 내일 암스테르담으로 나는 산티아고 쪽으로 가야 하기 때문에 더 이상 그와 대화를 나눌 시간이 없었다. 나는 그게 못내 아쉬웠다. 잠을 자고 나면 이별인데, 그렇다고 여태까지 걷고 돌아온 사람 붙잡고 얘기만 하고 있을 수도 없고 게다가 알베르게 방에는 다른 사람들도 있고 그들은 잠을 자야 하는데, 더더욱 우리만 떠들면서 얘기하고 있을 순 없었던 것이다.

이 길에서 숱한 사람을 만나고 헤어졌지만, 이건 퍽 드문 경우였다.

며칠을 함께 걸으며 정이 들었던 것도 아니고, 둘 사이에 재미있는 얘깃거리가 있는 것도 아니었지만, 단 몇 마디에 밤을 새워가며 얘기하고 싶은 사람을 만났으되, 우리에게 주어진 시간은 없었다.
  이런 것도 인생일 터였다.

〈눈 길의 그림자〉, 2004, 수채

중간 점검

또, 새로운 사람을 만났다.

내가 알베르게로 들어와 짐을 챙기느라 부산한 사이에 엉거주춤 혼혈인 듯한 한 청년이 들어왔다.

그런가 보다 했는데, 알베르게 관리인이 날 불렀다.

방금 도착한 청년은 스페인어를 못 하고, 알베르게 관리인은 영어를 못 한다며… 날더러 통역을 좀 해달라는 부탁을 했다. 그래서 즉흥적으로 동시통역사가 돼 주었다.

캐나다 출신의 이 청년은 이 길이 처음인데, 내일부터 걸어볼 예정으로 부르고스 알베르게에 도착했다는 것이었다. 우선 숙소마다 서명을 받는 끄레덴시알을 만드는 절차부터 내가 통역을 맡아 도와주었다.

그렇게 그도 침실로 들어와 침대 한 칸을 얻어 자신의 짐을 풀었고, 아무것도 모르는 신출내기여서 내가 여러 가지 설명을 하면서 도와주긴 했다.

그랬더니, 그도 나에게 신뢰감을 느꼈는지 여러 가지를 묻거나 퍽 고마워하는 눈치였다.

실례가 될 것 같았지만, 그래도 내가 조심스럽게 물어보았다.

어쩨 얼굴에 동양인의 모습이 보인다고 하자, 그는 웃으면서 자기 어머니는 중국인이고 아버지는 캐나다인이라고 했다. 몬트리올에 사는 대학생이었다.

그는 유럽 여행을 떠나와 처음 파리에 도착한 뒤 바로 스페인으로 넘어와 며칠만 이 길을 걸어볼 생각으로 부르고스에 왔다고 했다.

그러니까 그는 이 길을 순례할 목적으로 온 것은 더더욱 아닌 거의 관광객이었던 셈이다. 그래도 이 길의 맛이라도 느끼고 싶어 며칠이 걸릴지는 몰라도 레온(Leon)까지만 걸어볼 생각이라고 덧붙였다.

나는 이 길을 걸으며 알아두어야 할 일이나 지켜야 할 사항 등 몇 가지를 설명해 주면서, 내일 나와 같이 걷겠느냐고 물었더니, 반갑다는 듯 물론 그렇게 해주면 고맙겠다고 했다.

그래서 나는 그 신출내기에게 첫날의 여정을 함께 해줄 생각이다.

그가 이 길을 걷는 것에 대해 조금 감을 잡게 되면, 혼자 걷게 하면 되겠지…

지난번에도 한 일본 젊은이에게 그렇게 해준 적이 있는 나니까.

내가 이 길을 걷기 시작한 지도 벌써 한 달이 되어간다.

앞으로도 그만큼은 걸어야 이 길을 끝내게 되리라.

그런저런 이유로 해서, 오늘 나는 고풍스런 도시 부르고스에 도착하면서 중간 점검을 하게 됐다.

내가 지금까지 걸으면서 해놓았던 것(그림 스케치북, 글 쓴 종이뭉치 등)은 바르셀로나의 J에게 보내고, 앞으로 필요한 물건은 거기서

오르닐요스로 들어가는 겨울 길

캐나다 대학생 B와 함께

보내왔던 소포로 받고… (우리는 며칠 전부터 전화로 미리 그런 약속을 했었기 때문에, 내가 부르고스에 도착해 보니 이미 바르셀로나에서 내 앞으로 소포가 도착해 있었고, 나는 그 짐을 챙긴 뒤 다시 내가 해왔던 것을 J에게 보내느라 도심의 우체국까지 걸어가는 등, 오후 내내 바빴었다.)

그런 내 입장을 알기라도 하듯, 어떤 사람은 길을 끝내고 돌아간다 하고, 또 한 사람은 내일부터 이 길을 걷겠다 하고…

편지

눈 내리는 벌판

    너른 고원 평원을 걸어가는데 날씨가 변덕을 부리고 있었습니다.
    맑은 들판에 끝없는 지평선이 펼쳐지는가 싶었는데, 갑자기 검은 구름이 하늘을 덮으면서 가는 눈보라를 날리기 시작했습니다. 얼굴을 반쯤 가리고 눈만 내놓은 채 고개를 숙이면서 걸어가는데, 싸락눈은 금세 함박눈으로 바뀌어갔습니다.
    큼직한 눈송이들이 얼굴을 때리거나 이따금 그 중 한 둘이 입 속으로 들어오면 그대로 받아먹으면서 걸었습니다.

    그 너른 들판이 어느새 또 하얀 색으로 변해가고 있었습니다.
    그렇게 눈이 내리니, 시야는 좁혀지면서 아늑한 느낌마저 들더군요. 그런데 내가 걸어가는 세상은 어디가 어딘지 방향 감각도 잊혀지도록 몽롱한 공간으로 바뀌어가는 것이었습니다.
    여기는 어디인가? 이 세상인가, 아니면 내가 알지 못하던 다른 세상인가…
    그런데도 나는 지금 어디로 걸어가고 있단 말인가…

    하얗고 뽀얀 세상에 내가 걸어가고 있었습니다.
    걸어도 걸어도 그저 아무 변화도 없는 세상이었습니다. 그 세상 한가운

📮 편지

데엔 오직 길 하나가 있을 뿐이었습니다.

  그 하얀 길로 걸어가도 걸어가도…

  아, 알 수 없는 세상이었습니다.

  문득,

  이대로 내가 없어진다 해도(눈에 묻혀 사라진다 해도) 내가 살던 세상과는 아무 상관없는 일이 될 것이라는 생각이 들었습니다.

  그저 눈 속에 파묻히는 걸로, 모든 게 그렇게 소리 없이 잊혀질 것이었습니다.

눈 내리는 벌판 길

〈눈 내리는 벌판〉, 2004, 수채

아픈 것도 마음대로 할 수 있다면…

감기에 걸렸다. 쉴 새 없이 콧물이 나고 목도 아프고…

이렇게 날마다 걷는데, 건강이 좋아지기는커녕 감기에 걸릴 정도로 쇠약해진 것인가? 처음엔 믿을 수가 없었다. 아니, 한편으론 짜증까지 났다.

그래도 처음엔 웬만하면 약을 안 먹고 견뎌볼 생각이었다. 그런데 내가 제일 무서워하는 것 중의 하나가 편도선 기(氣)라… 이러다 더 악화되어 편도선으로 돈다면? 어쩌면 걷는 일을 포기해야 할지도 모를 일이어서, 결국은 약을 사 먹기로 했다.

그래서 왜 감기에 걸렸을까 생각해 보니, 걷다 보면 땀이 많이 나는데 내 경우엔 휴식을 취할 때도 다른 사람들과는 조금 다른 식이라, 거기에 문제가 있을 것 같았다.

사람들은 휴식을 취하다가도 땀이 식어 추워질 만하면 바로 다시 걸으면 되지만, 나는 한번 쉬면 상당히 오랜 시간이 걸리기 때문이다. 사진 찍어야지, 글도 끄적여야지, 어떤 때는 스케치까지 하다 보면 땀이 식어 몸이 으슬으슬 추워져 이가 부딪힐 정도로 더 이상 견딜 수 없을 때가 되어서야 겨우 일어나니까…

까스뜨로헤리스 가는 길목에 있는 옛 건물의 흔적

그렇게 몸의 기온 차가 수시로 일어나다 보니 더 이상 견딜 수 없었나 보았다.

게다가 어젯밤 까스뜨로헤리스에서도 난방은커녕 담요 한 장 없던 알베르게에서 자느라 얼마나 춥던지 잠을 설치기까지 했다. 특히 발만이라도 씻고 자려고 얼음장같이 찬 물에 발을 담그는데, 온몸이 저르르르해서 몸서리를 칠 수밖에 없었는데… 그런 저런 요인이 겹쳐 감기에 팍 걸린 것 같다.

물론 요 얼마 전부터도 그런 증세가 있긴 했었다. 콧물이 계속적으로 흘렀고 난데없이 가래도 끓었으니까… 그래서 은근히 걱정을 하면서도, 약 없이 나아보겠다며 참고 견뎠던 우둔함도 한몫 한 것 같다.

그런데 이렇게 날마다 떠도는 생활을 하다 보니, 들판이나 산의 세고 찬 공기를 그대로 쐴 수밖에 없는 것도 문제였다. 그러니 나으려던 감기마저 도로 주저앉을 게 뻔하지 않겠는가.

벌써 며칠째인지 모른다. 콧물은 흐르고 머리도 지끈지끈 아픈데, 그런 몽롱한 상태로도 휴식을 취하기보다는 계속 걸어가야만 하니… 더구나 이번 겨울은 유난히 춥고 눈도 많다고 스페인 사람들도 말을 하곤 하는데…

에이, 아프려면 나중에 이 길을 다 끝낸 뒤에나 아프든지…

까스뜨로헤리스 입구에 있는 수도원

세상의 방해물

고원 평원 끝나는 곳.
그 아래 계곡엔 또 하나의 들판 풍경이 아름답게 펼쳐져 있었다.

평원이 끝나면서 이어지던 내리막길은, 마치 살아서 꿈틀꿈틀 움직이는 선처럼 그 아래로 또 다른 평원에 가느다랗게 수를 놓으며 이어지고 있었다.
구불구불, 굽이굽이 이어진 저 길! 걷지 않고 바라만 봐도 아름다웠다. 아니, 길을 걸으면서는 못 느끼고 스쳐버릴, 그래서 이렇게 멈춰 바라보아야만 그 아름다움을 느낄 길인 것 같았다.
정말 이런 길로만 걸어간다면, 한 세상을 하염없이 걸어도 좋을 것만 같았다.
그렇게 나는 길에 반하고 말았다.

그런데 같이 가던 사람들은 다들 무덤덤했다.
나 혼자서만 감탄사를 내뱉으며 호들갑을 떨다 보니 멋쩍기까지 했다. 그래서 동행했던 사람 둘을 앞세워 보냈다. 그리고 길 풍경을 사진에라도 담아 놓으려고 카메라를 꺼내 셔터를 눌러대는데… 순간,

들판 풍경

그런 내 모습마저도 너무 얄팍한 것 같아 슬그머니 렌즈 뚜껑을 닫고는 자리를 잡고 앉아버렸다.

먼저 떠난 사람들의 모습이 저 아래로 조금씩 작아지면서 점으로 바뀌더니, 이젠 길 속에 묻혀버리고 만다.

사람의 흔적조차 없는 하늘과 벌판만 있는 세상…
내 앞에 펼쳐진 세상은 정지해 있었다.
그래서 나 역시 하염없이 그 길에 앉아 있었다.

그런데 하늘 저쪽에서 구름이 몰려오더니 벌판에 그림자를 만들고 있는 게 아닌가.

B, C와 함께

그 얼룩 그림자들은 너른 평원을 소리 없이 돌아다니는데…

저 구름들은 어디서 생겨나는 것일까 하다 보니, 그 멀쩡했던 하늘엔 구름들로 꽉 차는 듯하더니 또 군데군데 파란 여백도 만들어 놓는다. 그렇게 내 눈 앞의 세상은 저절로 유희를 하고 있었다.

아, 신비한 세상. 홀로 아름다운 세상.

이 세상은 정적뿐이다. 그렇지 않다면 바람소리나 흘러가는 구름소리. 그것도 아니라면, 내 숨소리뿐이다.

어? 그러고 보니 내가 있었구나!

그런데 이제는 나도 떠나야 하는데, 일어나 짐을 챙겨서 걸어가다 보면 이 고요하고도 아름다운 풍광을 깨버리는 꼴이 될 텐데, 이를 어쩐다냐?

어째, 나는 쉬 떠날 수도 없었다.

그러고 보니, 어쩌면 난 이 세상의 필요 없는 방해물이었다.

〈길〉, 2004, 연필

편지

여수(旅愁)

아직 날은 밝았지만 해는 서서히 서산마루에 걸려가고 있었습니다. 그런데 정면에서 불어대던 쌀쌀한 저녁바람이 목을 타고 가슴까지 전해지는 것이었습니다. 나는 가던 길을 멈추고 옷깃을 여몄는데, 생각지도 않았던 쓸쓸함도 함께 밀려들어 몸서리를 치고 말았습니다.

오늘, 저기 까맣게 보이는 산까지는 가야 하는데…
그런 마음으로 몇 발짝을 떼는데, 순간적으로 내 머릿속에는 땅거미가 지는 들판을 걸어가는 한 나그네의 그림이 그려졌습니다.

발렌시아 지방으로

편지

물론 내 모습일 터였습니다.
아, 나는 나그넨가?
한숨과 함께 허전함이 전율처럼 몸을 감싸왔습니다.
이러다간 한평생을 이렇게 떠돌이처럼 살지는 않을까? 하는 생각마저 파고들더군요.
그런데 언뜻 뭔가 머리를 스쳤습니다. 온종일 함께 했던 것 같은 내 그림자가 안 보이던 것이었습니다.
그래서 둘러보니, 그림자는 뒤쪽에서 나를 따라오고 있더군요.
정말, 서산에 걸릴 듯 말 듯한 해에 내 그림자는 뒤쪽으로 길게도 걸쳐 있었습니다.
겨울 그림자였습니다.
아, 그림자가 긴 만큼…
그 그림자의 실체는 몸서리가 쳐지도록 허허로워져만 갔습니다.

들판 풍경

〈저녁 길〉, 2004, 수채

걸을 일 말고는…

까스띨랴 이 레온 지방 중 레온까지 *Castilla y Leon*

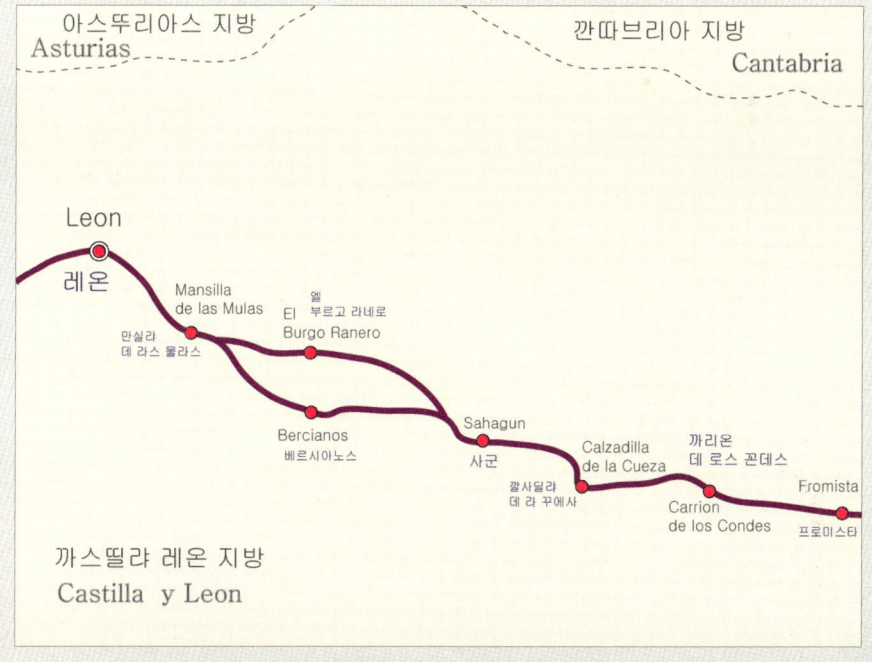

'내가 이 나이 먹고서 '극기 훈련'을 받고 있는 건가?' 하는 생각도 들 만큼
오늘 여정은 힘이 들었다.
벌판의 찬바람은 사정없이 불어오는데, 걸어가야만 했다.
그 상황에서 우리에겐 다른 선택의 여지가 없었던 것이다.
그렇게 우리는 '걸을 일 말고는 아무 할 일이 없는 사람'처럼 걸어가야만 했다.

이심전심?

이틀에 걸쳐 벌어진 우스운 얘기가 있다.
첫날,

너른 빨렌시아(Palencia) 지방 구릉 벌판을 걸었다. 경사는 완만했지만 워낙 단조로운 구릉길이어서 조금 지루한 면도 없지는 않았다.
그렇지만 어디서나 산이 보이는 우리네 풍경과는 다른 느낌이어서 나는 완만한 곡선의 들길을 걸으며 사진도 몇 컷 찍고, 전진만 하다 보면 소홀해지는 뒤를 돌아보는 풍경을 감상하기도 했다.
긴 구릉의 정상에 가까워지자 한 구릉에 의해 뒤 풍경이 조금 가려지기에, 나는 밭으로 올라가다가 더 좋은 시야를 확보하려고 급기야는 산까지 오르게 되었다. 바람이 거세게 불었지만 거기선 시야가 확 트여 양쪽의 풍광을 다 볼 수 있어서 좋았다.
정말, 가슴이 확 트이는 기분이었다.
그런데 내가 걸어가야 할 앞쪽엔 또 다른 평원 풍경이 펼쳐지고 있었다.
일단 사진을 찍고 산을 내려오면서는 휴식을 취하며 점심도 먹었다. 무엇보다도 날이 맑아서 또 그만큼의 아름다운 풍광을 만끽하며

구릉 언덕을 향해

걸을 수 있었다.

그리고 저녁 무렵에 숙소에 도착했는데, 먼저 도착했던 B와 C가 오는 길에 자기들이 남겨놓은 메시지를 읽었느냐고 물었다.
"아니, 무슨 메시지?"
금시초문이어서, 메시지 자체를 발견하지도 못했다고 대답했다. 그랬더니
'Moon, OK?(문, 괜찮아요?)'
라고 길바닥에 크게 적어놓았는데, 오늘도 역시 우리는 똑같은 길을 걸어왔고 모두가 쉬고 넘는 고갯길 정상에 적어놓았던 글씨를 어떻게 못 보았느냐고 말도 안 된다고 믿지 않으려고 했다. 그러면서
"하늘만 쳐다보고 걸어왔나?"
라고 덧붙였다.
"뭐야? 하늘만 쳐다보면서 걸어?"
나는 그 말에 그만 웃음이 터져 나왔다. 그런 모습이 저절로 머릿속에 그려져서 나는 한참을 히죽히죽 웃어댔다. 그들 말로는, 그들이 적어놓았던 글자를 일부러 안 보려고 하늘만 바라보고 길을 걸어왔느냐는 것이었다.
내 웃는 모습에 그들은 내가 장난을 치는 줄 안 모양이었다. 그러면서 '거 봐!' 하는 표정들이었다. 그렇지만 나에게도 말도 안 되는 일이었기에 사실대로 못 봤다고 했더니, 도무지 믿으려 들지 않았다.
그러니까 오늘 우리 모두가 넘어 온 경사가 완만한 고개 정상 길바닥에 써 놓은 글씨를 누구라도 보았을 텐데 어떻게 나만 못 보고 지나

올 수가 있냐는 것이었다.

그래서 곰곰이 생각해 봤더니, 공교롭게도 나는 바로 그 정상 조금 전에서 길을 벗어났던 게 떠올랐다.

보다 좋은 풍경 사진을 찍는답시고 푹푹 빠지는 진흙길로 미끄러지면서까지 밭길로 산에 올랐던 기억이 났던 것이다. 그리고 사진을 찍은 뒤 다시 내려오긴 했는데, 어찌나 바람이 세게 불던지 정상 조금 아래쪽으로 돌아 내려왔던 것까지 생생하게 기억났다. 그러니까, 바로 그들이 메시지를 적어놓았던 곳만 피해서 옆으로 삐져나와 산에 올랐다가 다시 길로 접어들었던 것이다.

이게 무슨 조화란 말인가.

참 내! 일부러 그 메시지를 읽지 않으려고 알면서 장난친 것도 아니고… 그러니, 그들이 날더러 일부러 하늘만 쳐다보고 걸어왔느냐고 할 밖에.

그래서 내가 그 얘길 그림을 그려가면서 해 주었더니, 그들도 믿기 어려운 듯한 표정을 지으며 허탈해했다. 그건 나 역시도 마찬가지였다.

사실 길에서 그런 메시지를 받는다는 건 기분 좋은 일임에 분명한데, 그걸 놓쳤으니까…

"살다 보니 참 별일도 다 있군!"

하면서, 서로의 눈치를 보고 멋쩍은 웃음만 지었을 뿐이다.

그런데 오늘은(다른 날) 또 일직선이면서도 변화 없는 평지 길을 걸었는데 약 500m 정도마다 '산티아고 가는 길'의 마크가 새겨진 콘크

평지 길. 지정석 위에 사과가 얹혀 있다.

리트 기둥 넷이 서 있는 길이었다. 그 기둥들은 차들이 다닐 수 없게 설치해 놓은 것들이었다.

오늘도 어제처럼 두 젊은이가 먼저 가고 나는 뒤에 처져서 역시 사진도 찍으면서 느긋하게 걸었다.

그런데 한 콘크리트 기둥 위에 사과 하나가 놓여 있는 게 아닌가. '웬 사과지?' 하다가, 나는 그들이 날 위해 사과 한 개를 올려놓고 간 것이라는 결론을 내렸다. 그들은 저기 길 끝 쪽에 점으로 가고 있었고, 그들과 나 사이엔 아무도 없었기 때문이다. 더구나 어제도 그런 (앞에 언급한) 일이 있었기에 전혀 의심의 여지도 없었다.

그렇잖아도 직선의 밋밋한 길을 걸으며 뭔가 입이 궁금하던 참이었는데…

그래서 나는 잘 됐다며 사과를 옷에 쓱쓱 문지른 다음 한 입을 베어 먹었다. 그런데 사과가 조금은 얼어 있어서 맛이 이상했다.

그래도 그들의 성의가 고마워서 먹다 버릴 수는 없었다. 그래서 한 입 두 입… 그 푸석대던 사과를 다 먹어 치워버렸다. 얼어 있어서 무슨 스펀지를 씹는 기분이긴 했지만 사과 맛이 아예 없는 건 아니었다. 그렇다고 사실, 맛이 있었던 것도 아니었다. 두 젊은이들이 나를 위해 특별히 남겨놓은 간식인데 어쩌면 내가 운이 없어서 언 사과가 걸렸을지도 모른다는 생각을 하면서 먹었을 뿐이다. 겉은 멀쩡했으니까. 그리고 어찌 생각해 보면 아무것도 먹지 않는 것보다는 나을 것 같아서 끝을 냈던 것인데…

그렇게 오늘도 숙소에 도착하여 그들을 보자마자 오늘은 내가 먼저
"아까 사과는 잘 먹었다."
고 얘길 했더니, 오늘은 그들이 어리둥절해 하는 표정이었다.
그래서 내가 다시
"오는 길 콘크리트 기둥 위에다 놓고 간 사과 말이야."
하면서 무슨 시치미를 떼느냐는 식으로 말을 했는데,
"무슨 사과?"
하며 되묻는 것이었다. 그러니까, 어제의 경우와는 정 반대 입장이 되어 있었던 것이다.
"늬들이 사과 하나 올려놓고 갔잖아?"
하고 목소리마저 짜증스러운 듯 소리를 질렀더니,

"아, 걸으며 보니 웬 사과가 한 개 콘크리트 위에 놓여 있드만… 그 거 얘기하는 거야?"

하는 것이었다.

"엥? 아니, 이건 또 무슨 일이야?"

순간 나는 이미 늦어버린 것을 알아차렸다. 그걸 먹었다는 말도 이미 했으니까.

그러면서 우리는 서로의 얼굴을 번갈아 쳐다보다가, 모두가 갑자기 와하하하 뒤집어지듯 웃고 말았다.

그런데 그들의 웃음과 내 웃음은 같을 수가 없었다. 그들은 뭔가 고소하다는 듯(?), 그리고 나는 뭔가 찝찝해서…

쳇! '이심전심'이라더니, 왜 우리한테는 이리도 철저하게 어긋나는 건지… 그렇게 마음이 전혀 통하지 않는 사람들끼리니, 내일부터는 아예 모른 척 찢어져 가든지 해야지 이거야 원.

아무튼 그 언 사과를 다 먹고도 아무 탈 없이 하룻밤이 지난 다음에 이 글을 쓰는 것이니…

된 거지, 뭐…(작은 목소리로.)

지팡이

어제도 혼자 걸어오는데, 요즘 며칠을 계속 동행이 된 두 젊은이가 나를 기다리고 있었다. 그래서 같이 휴식을 취하게 되었는데, 캐나다 대학생 B가 조금은 상기된 표정으로
"나, 산티아고까지 걷기로 했어요."

내가 준 지팡이를 짚고 가는 B

라고 말하는 것이었다.

"그래?"

놀라운 일이었다.

이 길이 처음이라 뭘 어떻게 해야 할지 모르던 그에게 통역을 해주면서 도와준 인연으로, 우리는 부르고스에서부터 동행이 되었었다.

그는 첫날은 나와 같이 그리고 둘쨋날부터는 마드리드 친구 C와 호흡을 맞춰가며 걸었는데… 우리는 벌써 며칠째 같은 숙소에 머물게 되어 지금은 상당히 가까운 사이가 되어 있었던 것이다. 그런데 그의 일정은 이 길의 일부만 걸어본 뒤 포르투갈 쪽으로 여행을 계속할 거라고 했는데, 갑자기 계획을 수정하여 산티아고까지 걸어가기로 했다는 것이라…

난 재미있다는 생각과 함께 몹시 반가웠다.

그러면서 B는 덧붙이길, 요 며칠을 나와 함께 다니면서, 뭔가 느낀 게 있었다나?

아무튼 어떻게 보면, 그저 관광객으로 유럽 여행을 하는 것도 의미가 있겠지만 이렇게 걷는 여행을 해보는 것이 훨씬 더 가치가 있을 수도 있을 것이었다. 그래서 나도 그에게 잘했다며 환영해 주었다.

그런데 어제부턴가 그는 어디서 뭉뚝한 몽둥이 하나를 주워가지고 지팡이로 사용하며 다니는 것이었다.

그래서 나는 그에게 지팡이다운 것 하나를 마련해 주면 좋겠다는

〈길〉, 2004, 연필, 수채

길

생각을 해왔는데… 오늘 마침 강가를 걷다가 괜찮은 막대 하나가 눈에 띄기에 일부러 강으로 내려가서 그 걸 주워왔다. 물론 그를 위해서였다. 그래서 나는 두 개의 지팡이를 든 상태로 걸어왔다가, 그를 만나자마자 지팡이로 쓰라고 그걸 넘겨주었는데… 그는 어린아이처럼 좋아했다. 그러면서 바로 배낭에서 스위스 칼을 꺼내더니, 톱날을 이용해서 불필요한 부분을 싹뚝싹뚝 잘라버리니 멀쩡한 지팡이가 되었다.

물끄러미 그의 행동을 보던 나는 마치 그의 보호자라도 된 양(?) 흐뭇해졌다.

그래, 그 지팡이로 산티아고까지 잘 걷거라…

나는 속으로 말을 하고 있었다.

하기야 내가 일찍 결혼을 한 사람이라면 너 만한 자식도 있을 텐데…

그러면서 나는 순간적으로 몇 년 전 첫 번째 이 길을 걷기 시작한 첫날이 떠올랐다. 피레네 산맥에서 나에게 지팡이를 만들어 주었던 프랑스인…

오늘은 내가 그 반대 역할이었다.

그렇지만 나는 토마토 지줏대 얘기는 꺼내지 않았다.

그러면서도, 이 길을 걷다 보니 이런 일도 또 그런 일도 있었던 기억이 주마등처럼 내 머리를 스치고 지나가기에, 마음이 푸근해지면서 혼자서 빙그레 웃었을 뿐이다.

걸을 일 말고는…

요즘 며칠을 끝이 없을 것 같은 1자 직선으로 뻗은 길을 걷고 있다.

그러니까 빙 둘러보면 지평선만 보이는 고원 벌판에 반듯하게 뻗은 길을 걸어간다는 것. 사람을 단순하게 만들기도 퍽 지루하게 만들기도 한다.

그런 길만 계속 걸어간다면, 어쩌면 미쳐버릴지도 모르겠다는 생각도 해 보았다.

그래도 오늘 길은 굴곡이 있는 듯, 조금 오르막길도 또 내리막길도 있었다.

앞을 보면 지루하고 또 뒤를 돌아보면 언제 저 길을 걸어왔나 싶은 길이라, 가는 건지 멈춰있는 건지 별 감각도 못 느낄 지경이었다.

그런데 하늘은 왜 그리 넓은지… 오늘따라 구름들로 가득 덮여 있었다.

구름들은 어디서 생겨나는 것일까? 나는 다시 한번 그 밑도 끝도 없는 물음을 던져보기도 했다.

그렇게 지루한 길을 걸으면서도 오늘따라 이상하게 쉬고 싶은 마음

〈저녁 길〉, 2004, 수채

〈해와 달의 숨바꼭질〉, 2004, 수채

은 없어서 다른 날보다 더 정신없이 걸었는데, 그러다 보니 발바닥까지 아파왔다.

그럼에도 불구하고, 저 길의 끝에 가면 무엇이 있을까? 그 생각만 하며(아니, 저절로 그런 생각만 들어) 발걸음만큼이나 투덜거리는 심정으로 걷고 있었다.

그런데…

공교롭게도 그 구간을 같이 걷던 B는 우리 앞에 보이는 높이가 10m쯤 되는 고개를 마주하고는 갑자기 발걸음을 빨리했다. 오르막길이어서 나는 오히려 속도를 늦출 수밖에 없었는데 그는 씽씽 올라가던 것이었다.

무슨 일인가? 의아했다. 그러면서도 나는 나이는 속일 수 없나 보다 하는 생각을 하는데, 고갯마루에 닿은 그가

"아이!"

김빠지는 탄식을 지르는 것이었다.

순간, 나는 큰 소리로 웃어젖혔다.

그러니까 B는 그 구비를 넘으면 마을이나 조금은 색다른 풍경이 나타날 줄 알았던 모양이다. 그래서 힘은 들더라도 막바지에 피치를 가해 먼저 오르고 싶어서 힘을 내 씽씽 걸었던 것인데, 다만 높이만 다를 뿐 그 앞에는 이전과 똑같은 단조로운 풍경이 펼쳐졌으니… 짜증 섞인 탄식을 쏟아냈던 것이다.

어쨌거나 그렇게 힘이 드는 길인데도, 그렇게 불평을 쏟아 부으면서도 마음을 바꿔 산티아고까지 걷기로 했다는 것을 보면… 이 길이 그만큼 매력이 있다는 말인가? 이 길을 잘 모르는 그의 표정과 마음이 순진하고 우스워서, 베테랑(?)인 내가 웃긴 했지만, 마음 한편으론 미안한 감정도 들긴 했다.

또 한편으론 나 역시도 그런 불평을 하고 싶은 마음이 고개를 들고 있었지만, 나까지도 그럴 수는 없었다.

그렇지만 '내가 이 나이 먹고서 '극기 훈련'을 받고 있는 건가?' 하는 생각도 들 만큼, 오늘 여정은 힘이 들었다.

벌판의 찬바람은 사정없이 불어오는데, 걸어가야만 했다.

그 상황에서 우리에겐 다른 선택의 여지가 없었던 것이다.

그렇게 우리는 '걸을 일 말고는 아무 할 일이 없는 사람'처럼 걸어가야만 했다.

풍경

점심을 배불리 먹은 뒤, 국도와 나란히 가는 길로 접어들었다. 지평선만 보이는 꽤나 지루한 코스였다. 오늘따라 별 생각도 없이 터덜터덜 그 변화 없는 길을 걸었다.

그러다가 다음 마을을 지나자, 이번엔 지평선을 향해 1자로 뻗은 길 양편에 가로수만 보이는 길이었다.

또 한참을 가다가, 아무래도 너무 지루해서 배낭을 내려놓고 길가에 벌러덩 누워버렸다. 좋은 날씨는 아니었지만 기온은 그런대로 온화한 편이었다.

들길에 누워 하모니카를…

〈끝 없는 길〉, 2004, 연필

에라! 팔자 좋게 베짱이처럼 하모니카나 불어보자.

나는 누운 채 배낭 옆 주머니에서 하모니카를 꺼내 입에 갖다 댔다.

내가 하모니카를 불고 있는 사이 어제 같은 알베르게에서 묵었던 두 사람이 5분 정도의 간격으로 지나갔다. 그러나 그들은 내가 하모니카에 열중하는 것에 방해가 되지 않으려는지, 그저 웃음 띤 얼굴로 손만 흔들고는 조심스럽게 멀어져 갔다.

그들은 이내 지평선에 걸치더니 점으로 사라져 갔다.

오후 5시가 넘어가고 있었다.

그런데도 석양은 먼 듯 해는 서쪽으로 향하긴 했지만 아직도 중천에 가까운 모습이었다. 산마저도 없다 보니 그만큼 해가 넘어가는 게

〈끝 없는 길〉, 2004, 수채

더딜 것이었다.

사실, 오늘같이 지평선만 보이는 너른 벌판에서 타는 듯한 붉은 석양을 보고 싶었다. 그런 석양을 보며 해를 향해 걸어가고 싶다는 기대도 가졌었다. 그러나 오늘의 석양은 구름 때문에 그저 밋밋할 것만 같았다.

그래도 조금 더 기다려보자며 계속 하모니카를 불었다.

그러다가 문득, 이대로 잠이 들고 싶다는 생각이 들었다.

이 단조로운 풍광의 세계에, 나도 그 안에 하나가 되어 그대로 굳어져 버리고 싶다는 생각이었다.

〈바람〉을 불고 있었다.

동 트는 풍경

챔피언?

오늘 47km 정도를 걸었다. 지도상의 거리론 그랬지만 아마 몇 km 쯤은 더 걸은 게 분명했다.

아무튼 내 생에 최고로 많이 걸은 날임에는 분명했다. 더구나 생쥐 한 마리 때문에 잠을 포기하고 꼭두새벽부터 숙소에서 나왔던 길이라 몸의 상태는 평소보다 훨씬 안 좋았었는데…

원래는 27-8km를 걸어 만실랴 데 라스 물라스(Mansilla de las Mulas)까지 도착하는 걸로 오늘 일정계획을 세웠었다. 그런데 오늘따라 예정했던 숙소에 도착하는 것만도 그리 만만치가 않았다. 1자로 쭉 뻗은 지평선만 보이는 길로 걸어와서 심리적으로 지쳤을 뿐더러 몸도 무거웠기 때문이었다. 그렇게 지친 몸으로 숙소에 도착했는데, 웬걸? 건물 자체 보수공사가 한창 진행 중이어서 잠을 잘 수가 없다는 것이었다. 그러니 호텔에서 하룻밤을 묵느냐 계속 걸어 다음 알베르게가 있는 레온까지 가느냐를 택해야만 했다. 그렇잖아도 돈을 아껴야 하는 내가 어떻게 호텔에 들어가 잠을 자겠는가. 호텔에서 하룻밤을 자는 비용으로 1주일 정도를 견뎌낼 수 있는 생활인데…

그런데 오늘 걸었던 거리로만 따져도, 평균적으로 하루에 20km 미만을 걸어왔던 나에겐 이미 그 거리를 훨씬 넘긴 상태라서, 거기서 다음 알베르게가 있는 레온까지 더 걸어야 한다는 건 청천벽력 같은 소리였다. 그러니 짜증은 물론 화까지 나던 것이었다.

그렇지만 달리 방법이 있는 것도 아니었다. 그래서 힘이 들 것을 각오하고 후자를 택했던 것인데…

에이, 그놈의 생쥐… 그런 것들이 이미 이런 일이 일어날 것에 대한 암시였단 말인가.

나는 생쥐에게 화풀이라도 하고 싶었다.

어쨌거나 설상가상, 예고도 없는 사태가 벌어져 18km를 더 걸어야 했으니… 평소라면 3일에 걸쳐 걸었을 길을 오늘은 울며 겨자 먹기로 하루에 걸어올 수밖에 없었던 것이다.

길을 걸으며 나는 인간의 능력에 대해 생각해볼 수 있었다. 인간은 하루에 얼마나 걸을 수 있을까? 여태까지는 그런 건 내 생각 밖의 일이었다. 그리고 보면 인간은 뭐든 경험을 할 수 있는 한은 해봐도 좋을 것 같다는 생각도 들었다.

이렇게 다리를 질질 끌며 레온의 알베르게에 도착했는데, 만약 거기서도 또 다른 문제가 있다면? 아마 또 얼만가는 더 걸어야 할 것이다. 그렇게 걷다가 또, 극한 상황에 부닥친다면? 또 걸어야 할지도 모른다. 밤을 새우면서까지 걸어야 할 일도 있을 수 있으리라… 그럴 일은 없겠지만, 만약의 경우 전쟁이 났다거나, 누가 죽어간다거나 하는 상황이라면…

그렇게 우리에게는 보이지 않는 능력(?) 같은 게 있을 수 있다는 것

벌판. 기차가 가고 있다.

벌판 길

이다.

 그런데 그렇게 걸어가는 사람은 나뿐만은 아닌 것 같았다. 더구나 내 앞에 걸어가던 한 그룹에는 여자가 포함되어 있었는데, 여자도 걷는데 남자인 내가? 하면서, 이를 악물고 힘을 더 냈던 것이다. 물론 그들은 출발점이 나보다 앞서 있었을 수는 있었다. 나는 그놈의 생쥐 때문에 그 이전 숙소에서 꼭두새벽부터 나와 걸어왔으니까…

 사실 만실랴…에서도 이미 다리는 아팠었다. 그런데도 더 걷다 보니 얼마나 힘이 들던지… 그때부터는 정신력이었다. 더 이상은 걷지 못할 것 같다는 생각도 여러 차례 했었다. 게다가 물까지 떨어져, 허

길가에 앉아

허벌판에서 물을 구할 수는 없었고 한 마을을 지나면서 물을 얻어 마시기까지도 고통의 연속이었다.

게다가 비가 내리려는지 하늘도 심상치가 않았다. 그렇게 모든 어려움은 준비하고 있다가 한꺼번에 몰려오는지도 몰랐다.

설상가상.

그러다 레온에 들어서기 몇 km 전 고바위 길에선 해바라기 씨를 까먹는 걸로 그 힘듦을 달래보기도 했다. 걸어가면서 해바라기 씨를 까느라 신경을 그쪽으로 분산시키다 보니 다리가 아픈지 걸어가는지조차 감각이 없었던 것이다.

그렇게 거리는 조금씩 좁혀지고 있었나 보았다.

그러다 결국 레온 입구 아스팔트길에서는 비까지 만났다. 다행히 큰비는 아니었지만, 내 꼴이 말이 아니었다. 한 달 넘게 안 빨아 입고 있던 검은 오리털 파카는 햇볕에 닿은 부분이 뿌옇게 바래 있었는데, 거기에 비가 내리니 얼룩이 져서… 정말 가관이었다.

그래도 목적지는 다가왔다.

멀리 레온 시가지가 보이니 없던 힘도 솟구치는 기분이었다.

어떻게든 알베르게까진 가겠지… 이젠, 길에서 쓰러져도 누군가에 의해 어딘가로 실려 가기는 하겠지… 하는 생각도 들었다.

그렇게 겨우 도심에 접어들었는데, 사람들의 눈엔 내 모습이 신기한가 보았다. 꾀죄죄한 행색의 지치고 지친 동양인. 타인들로부터 그런 시선을 받는다는 건 결코 기분 좋은 일은 아니었다. 누구라도 그런 모습을 보면, 안됐다! 정도는 생각할 행색이었으니까.

도심의 사람들…

사실 나는 이 레온보다 몇 배, 아니 그보다 더 큰 도시인 서울 사람인데, 지금의 나는 그들과 동화할 수조차 없을 것 같았다.

그래서 나는 역시 고개를 푹 숙인 채 다른 사람들과 눈을 마주치지 않도록 노력했다.

그렇게 알베르게에 도착했다.

아무튼 내가 걸어서 레온의 알베르게에 도착했더니 모두들 난리가 났다.

아무 정신도 없이 기진맥진한 상태로 숙소에 도착해 문을 여는 순간, 어제 같이 걸었던 사람들이 웅성웅성 대더니, 이내 '챔피언' 이라면서 환호성을 올렸다.

'챔피언? 무슨 똥딴지 같은 소리야?'

했다.

그런데 그들이 왜 그런 표현을 했냐면…

거기에 있던 오늘 레온에 도착한 사람들은 최소한 나보다는 7km를 적게 걸어왔거나 버스를 타고 온 사람들이었다. 어제 같은 알베르게에서 묵을 줄 알고 도착한 베르시아노스 알베르게엔 그들 중 그 누구도 없었기 때문에 나 혼자 자고 오늘 새벽에 나왔으니까. 그러니까 그들은 어제 나보다 7km를 더 걸었고, 오늘은 나보다 그 만큼을 적게 걸었던 것이었다. 그렇게 보면 어차피 같은 거리인데, 뭘 그걸 가지고

레온 풍경

 그러느냐고 할 수도 있으리라. 그렇지만 무엇보다도, 누구한테나 오늘의 일정은 매우 힘들었는데, 나는 한술 더 떠서 자기들보다 더 많이 걸어 제일 마지막에 지친 몸으로 도착해서… 그들이 내 힘들었을 일정을 공식적으로 인정(?)해 준 것이었다.
 20km 정도를 걷는 다른 날 같았으면 아무 일도 아닐 수 있었던 일이지만, 공교롭게도 오늘의 내 여정이 거의 50km에 다다르다 보니 그렇게 받아들여졌던 것이다.

 숙소에 도착해 보니, 버스를 타고 온 사람들이 의외로 많았다.
 그래서 알고 보니, 그 공사 중에 있던 만실라… 알베르게 관리자인 여자가 그랬다고 한다. 거기서 다음 알베르게인 이곳 레온까지는 별

2004년 3월 달력, 수채

로 볼 것도 없고, 매 30분마다 버스가 다니니 버스를 타고 가서 자도 될 거라고…

뭐야? 그건 말도 안 되는 소리였다. 버스를 타고 올 것 같으면 뭣 땜에 그 먼 곳에서부터 걸어서 왔으며 나같이 그 먼 나라에서 이 길을 왔겠는가? 전혀 이해할 수 없는 부분이었다. 그런 개념마저 없는 사람이 어떻게 이 길의 한 알베르게의 관리자란 말인가. 나는 내 몸이 피곤한 것도 잊은 채 울화통이 치밀기까지 하던 것이다. 하기야, 이 세상에는 별의별 사람들이 다 있게 마련이니까. 게다가 자신의 기준으로만 세상을 바라보는 사람도 많으니까…

아무튼 그렇게 지쳐 도착한 나를 본 며칠 전에 헤어졌던 스페인 친구 C는 뛰어오다시피 문 쪽으로 오더니, 두 팔로 나를 꽉 껴안았다.

흥분한 건 오히려 그 쪽이었다.

"문, 괜찮아요?"

표정만으로도 퍽 안쓰러운 듯 묻더니 그는 배낭도 제대로 벗지 못하던 내게서 배낭을 벗겨 내려주면서 비어 있던 한 침대까지 옮겨주었다. 그리고는

"어서 샤워부터 하고, 저녁을 먹으러 함께 갑시다."

하고 흥분된 목소리로 말했다.

이윽고 숨 쉴 여유도 주지 않은 채, 뭘 먹을 것인가를 묻더니, 뭐든 말만 하라고, 마치 상을 받고 돌아온 칭찬해줄 아이를 대하듯 몰아붙이며 말을 했다.

그의 그런 환영에 나는 잠시 어리둥절해지긴 했는데 언뜻 콧등이 시큰하기도 했다. 그동안 정이 들었던 것이고, 또 며칠 안 보이면서 그립기도 했던 것이리라. 아, 사람을 알고 정이 들어가는 것… 그러지 않으려고 했건만, 이 친구는 나를 왜 마음 약한 어린애로 만들려고 하는가. 그러면서도 그런 환영에 나는 좀 쑥스럽긴 했다.

그건 그렇고 내가 정말 이런 환영을 받아도 되나? 나야 뭐, 일부러 걸을래서 그렇게 걸은 것도 아니고, 사람들에게 자랑할 일도 아닌데…

얼떨결에 '챔피언' 소리까지 들으며(내가 내 생에 또 어디서 그 챔피언이란 소리를 들을 수 있겠는가.) 도착한 알베르게였지만 내 몰골은 정말 말이 아니었다. 몰골뿐만 아니라 몸이 너무 피곤하다 보니 아무 정신도 없어서 정말 멍 하고 있다가, C가 어서 샤워를 하라고 미는 바

람에 일단은 절뚝거리며 옷을 챙겨가지고 샤워장으로 향했다.

 샤워장의 거울을 보니, 얼굴이 벌겋게 달아올라 있었다. 그 모습이 참으로 걱정스러웠지만 그뿐이었다. 더 이상은 아무 생각도 하기 싫었다.
 챔피언이고 뭐고… (하기야 그 소리가 싫지만은 않았다.) 정말 모든 게 귀찮았고… 그저 세상 모를 깊은 잠이나 자고 싶었다.

사람 사는 일

레온에서 갈리시아 지방으로 *Leon, Galicia*

정이나 미련을 남기지 않고 허허롭게 떠나 버릇 하다 보면, 사람의 향기가 없어질 텐데…
이러다 영영 그런 사람이 돼버리는 건 아닌지…
그런 일에 익숙해질 수밖에 없는 게 나그네라면, 그렇다면 나그네는 정이 없는 사람이란 말인가?
그래서 정 없는 사람이 되어가는 것, 그것도 '나그네 병'이란 말인가?

〈구름처럼…〉, 2004, 수채

그리움

비가 내린다.

침대에선 창을 통해 그저 뿌옇게 보이는 하늘인데, 추녀 끝에서 빗물 떨어지는 소리가 들리는 걸로 비가 내리고 있다는 걸 느끼고 있다.

다행히 오늘 걷기를 끝내고 알베르게에 도착한 뒤에 내리기 시작한 비라, 내가 여유를 부리고 있는 것이다.

이 먼 길을 걸으면서 굳이 날씨 탓 하는 것도 조금 우습긴 하지만, 우선은 조금 수월한 길을 걷고 싶은 건 어쩔 수 없는 나그네 마음이리라.

물론, 빗길을 걷는 것도 피할 수 없는 일이긴 하다. 그런데 비를 맞고 걸으면, 옷과 신발이 젖어 걱정스럽기도 하거니와 겨울철의 찬비에 젖다 보면 추위뿐만 아니라 다음 날 떠날 때까지 그것들을 말려야 하는 어려움도 함께 하는 것이니, 아무래도 비를 피하게 되는 것이다.

아무튼 오늘은 침대 속에서 바깥에서 떨어지는 빗소리를 들으며 조금 아늑함을 느껴본다. 비록 이 실내 역시 썰렁하긴 하지만, 찬비를 피할 수 있는 것만으로도 얼마나 다행인지 모른다. 그래서 서울로 편지도 쓰고, 드로잉 했던 것을 다시 한번 넘겨보면서 느긋한 시간을 보내고 있는 것이다.

철 십자가를 넘어 엘 아세보 마을을 지나며

그런데 왜 이리 입이 궁금한지…
그러다 보니 한국 생각이 더욱 간절해졌다. 하다못해 라면이라도 끓여 신 김치에 땀을 흘려가며 후루룩후루룩 먹고 싶은 것부터… 별별 먹을 것들이 다 떠오르고 있었다.

이 길을 걸으며, 대도시를 지나면서는 대형 슈퍼마켓에 들러 필요한 물건을 사곤 한다. 아무래도 도심의 대형 슈퍼에선 필요한 것을 손쉽고 싸게 구입할 수 있기 때문이다.
그런데 그런 곳에 가면, 왜 그리 먹을 게 많고 풍성한지… 이것저것 사고 싶고 먹고 싶은 것들이 널려있음에 마음까지 부자가 되는 느낌이다.

몰리나세까가 보인다.

그러나 그럴 때마다 늘 내 욕구를 자제해야만 했다. 그런 걸 다 살 만큼 지금의 내 형편이 좋은 것도 아니지만 무게가 있으니 대폭 줄여서 꼭 필요한 것만을 사야 했기 때문이다.

특히 이 길을 걸으면서 먹을 것 중 과일이나 야채 등은 매일 대할 수 없기 때문에, 화려한 진열대를 한번 둘러볼 뿐, 살 엄두를 내지 못하곤 했다. 게다가 '특별할인'이란 딱지가 붙어 한 자루씩 담아놓은 싼 과일들은 부담 없이 살 수도 있는데 그저 자루나 한번 들어볼 뿐, 낱개로 파는 것(상대적으로 비싼 것) 두어 개를 집어 들고 계산대에 갈 수밖에 없는 것이다.

그러면서 생각한다는 것이 겨우, 서울에 돌아가면 원 없이 사서 먹어봐야지 하는 정도다.

사람 사는 일 **211**

그리고 또, 길을 걸으면서 나는 마치 개인 최면에 걸리거나 신기루를 보듯, 따뜻한 내 방에서 마음 맞는 사람들과 맛있는 식사를 하며 즐거운 시간을 갖는 꿈을 꾸곤 한다. 그러면서는 마치, 며칠 내로 그런 일이 가능할 것 같은 착각에 빠지기도 한다.

그러면 마음마저 푸근해진다.

아마 춥기도 하거니와 먹는 게 부실해서, 상대적으로 그런 일들이 머릿속에 그려지는 것이리라… 그렇다고 사실, 내가 평소에 그토록 식탐을 하는 사람은 아닌데…

더구나 이 길을 걷는 것보다 훨씬 자유가 통제되었던 군대에 있을 때마저도, 나는 내 개인 분량의 식사도 다 소화하지 못하고 내 졸병에게 덜어주곤 했었는데, 이 나이에 말이다…

그렇게 혼자서 머쓱해지다가, 그만큼 내가 소화력이 생겼고 또 식욕까지 왕성해진 증거라는 걸 떠올리면… 삶의 활력을 얻은 것 같아, 과히 나쁜 현상만은 아닐 거라는 생각으로 바뀌기도 한다.

그러다가 어깨의 통증이, 지팡이를 짚는 손의 시림이, 발의 아픔이 느껴지면서 정신이 번쩍 들곤 한다.

좋은 사람들을 초대해서 맛있는 식사를 하는 일은 며칠 내로 이뤄지는 게 아닌, 앞으로도 한참 뒤거나 어쩌면 내가 서울로 돌아간 뒤에도 여기서 지금 생각하는 것만큼 그리 쉽게 이뤄지지 않을지도 모를 일인데…

그런데도 그런 생각들이 마치 꿈처럼 내 마음에 자리 잡는 것이다.

오늘도 그렇게 혼자서 한참을 꿈속(?)에서 돌아다니다… 썰렁한 숙

내리막길

소에 덜렁 누워 있는 내 모습으로 돌아왔다. 꿈에서 현실로 돌아왔던 것이다.

   그렇다면 꿈은 행복이고 현실은 불행이란 말인가?

   이상한 가정 같기만 하다.

   아무튼 좋다.

   그래도 그리워할 사람이 있다는 게 얼마나 다행인지…

   그런 것마저 없다면, 이 썰렁한 현실에 나는 무슨 희망으로 존재한단 말인가?

〈스페인 회상〉, 1998, 수채

그렇잖습니까?

오늘 이 부근에선 커다란 거점 도시인 뽄페라다(Ponferrada)를 지나면서 종이, 엽서, 우표 등 이것저것 필요한 물건들을 샀다. 그리고 도심이 끝나갈 무렵 한 식료품 가게에 들러 보까딜료(스페인 식 햄버거) 재료를 사는 것으로, 도심에서의 일은 다 보고 나는 다시 시골길로 접어들었다.

비가 오락가락 하기에 아예 우비를 뒤집어쓰고 걷다가 조그만 마을 입구 성당 앞에 휴식을 위한 공간이 있어서 멈추려다가, 비가 오기에 성당 뒤쪽으로 돌아가 보았더니 처마 밑에 벤치도 있고 제법 넓은 공간이 있어서 거기다 배낭을 풀고 쉬기로 했다.

물론 바로 보까딜료를 만들어 먹으려고 배낭 안에서 재료들을 꺼냈다.

더구나 이렇게 날씨가 궂은 날에 걷다 보면, 기회 있을 때마다 먹을 걸 챙겨 먹어두어야 한다. 비 때문에 바닥도 젖어있어서 아무데나 멈춰 쉴 수가 없기 때문이다.

그래서 벤치에 앉자마자 바로 보까딜료를 만들어 먹었는데, 배도 고팠던 참이라 더욱 맛있었다.

그런데 문득 이렇게 초라한 행색으로 먹을 것마저 제대로 못 먹고 걸어 돌아다니는 내가 스스로 생각해도 조금 이상했다.

정말 이렇게 성당의 처마 밑에 쭈그리고 앉아서 빵 쪼가리를 먹는 일에도 익숙해지는 건가? 거지 같지는 않을까? 그런 생각이 들면서는 조금 머쓱해지기까지 했다.

내 아무리 가난한 화가라지만 한국에 있다면 이러진 않으리라. 그렇다면 더더군다나 외국에서 이게 무슨 짓이란 말인가? 이런저런 생각이 꼬리에 꼬리를 물고 이어지면서, 조금 비참해지는 기분으로 이어지고 있었다.

그렇게 한숨을 한번 크게 쉬었는데,
내 마음 한쪽에선, 또 이런 생각이 고개를 들고 있었다.
그러면 어떠랴?
내가 남들에게 해를 끼치거나 누군가에게 양심에 가책을 느끼는 일을 하지 않았는데… 지갑을 잃어버려 돈이 없는 상황에서도 이렇게 절약해가며 꿋꿋하게 이 길을 걸어가는데, 게다가 남에게 구걸하는 것도 아니고 내 스스로 악조건을 이겨나가며 걷고 있는데… 더구나 여기까지 온 것만도 보통 일은 아닐 것인데, 그런 것이 무슨 대수란 말인가? 하는 객기(?)마저 드는 것이었다.

그러면서도… 또, 그렇지 않습니까?
내가 남들 앞에서 부끄러움이 없는데, 거지면 어떻고 나그네면 어떻습니까?
나만 떳떳하면 되는 것이지요… 그렇지 않습니까?
그렇게 나는 자꾸만 누군가의 동의를 구하려 하고 있었다.

봄빛이 완연한 뽄페라다 성과 성 아래의 집시 장

나그네 병

그저께도 어저께도 그리고 오늘도 비가 내린다.
많이 오는 비는 아니지만 그래도 꾸질꾸질 비는 계속 내리고 있다.
비를 핑계로 숙소에서 하루 더 머물러도 되고, 또 내가 부탁하기도 전에 숙소의 관리자들이 그렇게 하라고 권하기도 하는데, 내리는 비를 걱정스럽게 바라보면서도 나는 매일 아침 빗길을 떠난다.

어떤 숙도는 시설이 좋아 더 머물고도 싶고, 또 어떤 숙소는 너무 누추하여 더 머물고 싶지 않지만, 단 하룻밤인데… 하면서 잠을 자는 몇 시간을 보내면서 몸을 회복하곤 다시 길을 떠난다.

그러고 보면 이렇게 떠나는 일에 익숙해져 가는 게 혹시 '나그네 병'은 아닌지…

그저 정체되어 있는 것을 차라리 비를 맞고 떠나는 것보다 더욱 견딜 수 없어 하는 것을 보면… '이러다 아예 어디 안주하는 것 자체를 못 견뎌 계속해서 떠나기만 한다면 어쩐다지?' 하는 생각도 드는 것이다.

정을 주거나 미련을 남기지 않는 게 '나그네 길'이라는 유행가 가사가 나와는 상관없는 그저 노래 가사인 줄로만 알았는데, 지금 그게 바로 삶이란 걸 실감한다.

정이나 미련을 남기지 않고 허허롭게 떠나 버릇 하다 보면, 사람의 향기가 없어질 텐데… 이러다 영영 그런 사람이 돼버리는 건 아닌지…

그런 일에 익숙해질 수밖에 없는 게 나그네라면, 그렇다면 나그네는 정이 없는 사람이란 말인가?

정 없는 사람이 되어가는 것, 그것도 '나그네 병'이란 말인가?…

바에르소 주변의 포도밭 풍경

순례자?

갈리시아 지방으로 넘어가는 이정표

갈리시아 지방의 첫 마을, 산꼭대기에 있는 오 세브레이로(O Cebreiro)에 도착했다.

그런데 오는 중에도 비가 오락가락해서 온몸이 흠뻑 젖어 도착했는데, 숙소는 1시에나 문을 연다는 것이었다. 그래서 변덕스런 날씨에도 또 밖에서 30분 정도를 기다려야만 했다.

그 사이에도 비는 갑자기 우박으로 바뀌어 금방 세상을 덮는가 싶더니 또 바로 녹기도 했다.

젖은 몸으로 숙소에 들어와, 우선 샤워를 했고 양말을 빨아 침대 기둥에다 널어놓았다. 그리고 난방이 되는 창가에 자리를 잡고 젖은 신발을 라지에터 위에 올려놓고 있는데, 그 옆으로 난 창 밖에는 어느새 하얀 눈이 내리고 있었다. 우박이 눈으로 바뀌었던 것이다.

비록 날씨는 궂었지만, 오 세브레이로의 한 식당은 음식을 푸짐하고 맛있게 한다는 것을 알고 있던 터라, 오늘은 특별히 그 식당에 가서 점심을 먹기로 했다. 한 달쯤 전 오는 길에 에스펠랴에서도 그랬던 것처럼 여기도 일부러라도 들러 식사를 하고 싶었던 곳이기도 했다.

우박

그러니까 내가 이 길을 걸으며 그냥 지나치고 싶지 않도록 음식을 잘하는 곳이 둘 있는데, 여기가 그 중 하나였다. 그래서 오늘도 걸어오는 내내 벼르며 왔던 식당이었다. 지금 내 처지가 아무리 궁하다고 해도, 오늘 같은 날은 식당에 가서 맛진 음식을 먹어도 되었다. 그동안 허리띠를 조일대로 조여가며 걸어왔으니까.

준비를 하고 나가려는데, 며칠 전부터 만났다 헤어지기를 반복했던 독일인 여대생 V와 그녀의 동료가 도착했다. 내가 식당에 가는 길이라고 하니까 그들이 조금만 기다렸다 같이 가자기에, 차라리 잘됐다며 기다리고 있는데 미국인 A도 도착해서, 우리는 넷이서 함께 식당에 가게 되었다.

오 세브레이로 오르는 길

그 사이에도 눈은 계속되었는데, 내렸던 눈은 금세 녹는데도 여전히 거센 눈보라가 치고 있었다.

식당은 여전히 만원이었고, 반 시간여를 기다려서야 우리에게도 음식이 나와 푸짐하고 맛있는 식사를 즐겼다. 나와 동행이 되었던 세 사람 다 나에게, 이렇게 맛있고 푸짐한 식당을 안내해줘서 고맙다는 인사를 할 정도로 그들도 만족해했다. 식사 중에 우리는 비노를 세 병이나 더 시켰는데도 각자 9유로 정도로 가격도 상당히 싼 편이었다. 그래서 내가 돈을 걷어 계산대에 가서 지불하려는데…

거기엔 웬 여자 둘이 커피를 마시고 있었다.
그런데 한 여자가 날더러 대뜸 한국 사람이냐고 묻는 게 아닌가.
내가 움찔 하면서 그렇다고 하니까, 자기는 한국 사람을 좋아한다는 것이었다.
이게 무슨 뜻일까? 하다가, 어쨌거나 나쁜 말은 아니라 고맙다고 했는데… 그녀는 친근미를 보이며 나에게 커피를 한 잔 사겠다고 했다. 그래서 나는 커피를 안 마신다니까, 그러면 다른 걸 마시라기에, 썩 내키지는 않았지만 호의에 맞춰주기 위해 이 갈리시아의 특산주인 오루호(Orujo) 한 잔을 시켰다.

오루호를 마시는데, 그 여자는 은근했지만 까놓고(?) 말을 하는 것이었다.
자기는 한국 사람을 좋아하는데, 육체적으로 좋아한다는 것이었다.

이건 또 무슨 소리지? 나는 깜짝 놀랐다. 그렇지만 어린 애도 아닌지라, 그리고 이미 식사 중에 마셨던 비노 때문에 약간 술기운에 젖어 있기도 한 상태여서…

"사람 헷갈리게 하지 마라."

고 우스갯소리로 받아 넘겼다. 그랬더니 바로 가까이에서 우리 얘기를 듣고 있던 주위 사람들이 마구 웃는 것이었다.

허기야 그런 일이 원래 그런 식이라 나도 같이 웃을 수밖에 없었다.

그래도 그 여자는 더 적극적인 자세로, 이제는 추파를(?) 던져오는 것이었다.

그래서 나는 웃음을 멈추지 않은 채, 내 차례가 되어 돈 계산을 하면서…

"에이! 정신을 집중할 수가 없네…"

라고 혼잣말을 했는데… 그 소리에 다시 그 자리는 더 큰 웃음바다가 되고 말았다.

나는 조금 당황했다. 뭔가 이상한 기운도 감도는 것 같았는데, 어차피 나에겐 일행이 있었고 돈 계산이 끝나 잔돈을 들고 있었으므로,

"당신도 아다시피 나는 지금 산티아고 가는 길을 걸어가는 순례자(?)이지 않느냐?"

고, 바로 그 순례자 뻬레그리노(Peregrino) 소리를 한 번 더 강조해서 큰 소리로 말해주었다. 비록 순간적으로 튀어나온 말이긴 했지만, 이 길을 걸으면서 평상시엔 '순례자' 호칭 받는 것까지도 극구 부정하며 굳이 '나그네' 임을 강조하던 나 였는데. 이 자리에서 처음으로, 그것도 내 입으로 '순례자' 라고 둘러댄 것이라, 말을 하면서도 좀 멋

오 세브레이로에서 바라본 산 풍경

쩍긴 했다.

그랬더니 주변의 웃음은 더 커져갔는데, 그쯤에서 나는 한 손을 들어 보이면서 원래 자리로 돌아왔다.

'참, 순례자 소리 한번 잘 써먹었네!'

하면서…

뭐, 그럴 수도 있으리라.

그렇게 거기서 끝인 줄 알았다.

그런데…

<습격>, 2001, 연필, 펜, 수채

잔돈을 세 사람과 나눠 가진 뒤, 약간의 팁을 남기고 우리는 식탁에서 일어났다. 그리고 밖으로 나오는데 다행히 카운터엔 그녀의 모습은 보이질 않았다.

그렇게 문을 열고 밖으로 나오는데, 밖은 다시 함박눈이 펑펑 쏟아지고 있는 게 아닌가. 눈의 크기가 어떤 건 주먹만 하기도 했다. 모두들 탄성을 질렀다. 물론 카메라를 가지고 있던 나는 그 순간의 사진을 찍을 욕심으로 주섬주섬 휴대용 가방을 열어 카메라를 챙기는데,

"퍽!"

갑자기 커다란 눈뭉치 하나가 내 배를 때렸다. 하마터면 카메라에 눈이 맞을 뻔했다. 그래서 깜짝 놀란 채 반사적으로 고개를 들어 보니, 바로 아까 그 여자가 아닌가.

<망설임도 짐이다>, 2001, 펜, 수채

   나는 또 다시 놀라고 말았다. 이럴 땐 어떡해야지? 잠깐의 갈등에, 내 몸이 멈칫 굳어져가는 느낌이었다.
   그 순간에도 커다란 함박눈 송이들이 내 얼굴이며 안경으로 내려앉았다.
   이윽고 나는 그저 미소 띤 얼굴로 그녀를 바라보다가, 왼손을 살짝 들어보이고는 아무 말 없이 눈 속으로 걸어나왔다.
   내 앞에는 키 큰 미국인이 저만치 앞서 가고 있었고, 그 뒤를 따라 두 독일 여대생이 걸어가고 있었다. 어쩐지 뒤에선 무슨 소린가 들려올 것만 같았다. 그래서 얼른,

〈지중해 풍토〉, 1991, 다색 리놀륨판

독일 여대생들

"어이, V (독일 여대생 이름)!! 내가 사진 찍어줄까?"

하고 큰 소리로 물으니, 둘 다 애들처럼 좋아했다.

그렇게 사진기에 눈을 갖다 대면서, 내 얼굴이 조금 가려지는 것 같아 그제서야 허허 웃고 말았다.

앞이 안 보일 정도로 눈이 내리고 있었다.

적응

 꼭, 돈을 아껴야 한다는 강박관념이 아니라 해도(지갑을 잃은 후유증으로) 이 길에선 보까딜료를 자주 먹게 되는데… 요즘 나는 그 보까딜료 맛에 길들여져 있다.
 처음엔 까칠까칠한 빵 껍질에 입천장을 상해가면서 딱딱한 보까딜료를 먹는 게, 돈을 절약한다는 의미에서 마지못해 했던 식사였는데, 요즘은 어째 그 맛이 진하게 느껴지는 것이다.
 전에는 그나마 구운 지 얼마 되지 않은 바삭바삭하면서도 구수한 빵으로 만들어야 그나마 먹곤 했었다. 그래서 하룻밤을 지낸 빵은 버리기도 했었는데, 요즘엔 스폰지처럼 눅눅한 하루가 지난 빵일지라도 별 상관 않고 그 맛을 즐기고 있는 것이다. 내 스스로도 놀라면서…

 그리고 그 전에는 짭짤한 하몬만 넣어 보까딜료를 만들어 먹곤 했는데, 요즘엔 초리소 맛에 길들여져 매콤하게 먹게 되었다. 그리고 이따금 참치 캔을 뜯어 얹어 먹기도 하는데, 제각기 그 맛이 다름도 즐기고 있다.
 또한 그런 딱딱한 보까딜료는 콜라 같은 음료수와 먹는 게 보통인데, 원래 음료수를 멀리하는 나인지라 그냥 맹물에 보까딜료만을 먹

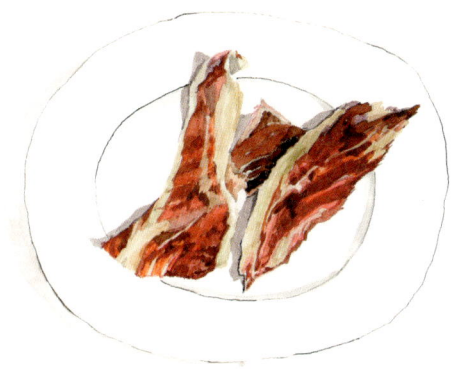

〈하몬 쪼가리〉, 2000, 수채

어도 맛이 있기만 하니 나도 참 많이 변했다고 느낀다. 처음엔 그런 식으로 먹으면 메스껍기까지 했는데…

그렇게 나는 지금 가장 기본적이고 값싼 음식에 길들여진 가난한 나그네가 되어 있다.

그리고 또,

오늘 양말을 빨아 너는데, 어? 바닥에 제법 큰 구멍이 나 있었다.

그 양말은 내가 가지고 있던 것 중에서도 새것이었는데…

요즘, 하루 일정을 길게 잡아서 그 전보다 많이 걷고 있는데, 양말이 내 몸무게를 더 이상 견뎌낼 수 없었나 보다. 배낭을 포함한 몸무게에 구두바닥이 마찰을 일으켜 저절로 닳아버린 것인지…

하기야 이제 100여 km가 남았을 뿐이다. 양말이 빵꾸가 날 때도 되었던 것이다.

그런데 내 발은 상대적으로 멀쩡한 편이다. 발바닥이 걷기에 적합

사람 사는 일 231

변화무쌍한 오 세브레이로 날씨

한 모양이 아닌데도, 이제는 하루에 30km 이상을 걷도록 많이 익숙해져 있는 것이다.

새벽 3시에 잠에서 깨었다.
혼자라서 잠이 깨자마자 바로 일어나 가이드북을 펴놓고 일정을 잡아보기로 했다. 이런 추세로 걷다 보면 산티아고까지는 날짜가 상당히 단축될 것이었다. 요즘엔 하루에 30km 정도는 보통이니까… 그런데 내가 한국으로 돌아갈 비행 일정은 정해진 것이라, 산티아고에 도착힌 뒤로노 20여 일이 남을 텐데 그 시간에 대해서도 심사숙고 해봐야만 했다.

그래서 나는 지금, 이 길을 끝낸 뒤 스페인 안달루시아(Andalucia) 지방 세빌랴(Sevilla)에서 출발하는 또 다른 길 '은의 루트(Via de la Plata)'를 걸을 생각이다.

이 생각은 이미 내가 마리 루스를 만나던 에우나떼에서부터 시작된 것이기는 하다. 그녀가 강력하게 나에게 추천한 이유가 크긴 했지만, 난 이미 그 길에 대해 첫 번째 이 길을 끝내던 때부터 알고는 있었다. 물론 그 길은 이 '산티아고 가는 길' 보다 험하기도 하고 또 알베르게가 훨씬 적기 때문에 고생길이란 얘기는 들었다. 그렇지만 무엇보다도 사람이 적고 주변 환경도 덜 개발되어 상업화되지 않은 매력이 있다는 것이었다.

그런저런 이유로 나는 이 길을 걸어오면서(특히 막바지인 요즘엔 더욱) 그 길을 걸어보겠다는 생각이 지배적이다.

물론 전체 길을 다 걸을 수는 없겠지만, 맛보기로 일정 구간만이라도 걸어보고 싶은 것이다.

그런데 어저께 때맞추어 바르셀로나의 J에게서 전화가 왔다. 내가 부르고스에서 보냈던 우편물을 일주일도 더 넘은 이제야 받았다며, 무엇보다도 돈은 모자라지 않았느냐고 물어왔다.

그는 내 걱정이 태산 같았다. 올 겨울 따라 날씨도 춥고 눈도 많이 온다는데 가지고 갔던 돈도 다 썼을 텐데, 다시 계좌에 400유로의 돈을 넣어두었으니 너무 아끼지만 말고 먹을 것 잘 챙겨먹으면서 다니라고 했다.

고마웠다. 너무 고마워서 갑자기 울컥 하기까지 했다.

사실 나에겐 아직도 다소간의 여유가 있었다. 그동안 아끼고 아껴서 걸은 덕택에, 산티아고에 도착하고서도 약 200유로의 여유가 있을 정도였다.

그러니 그 돈으로 '은의 루트' 일부 구간을 걸어보는 것은 전혀 어려운 일은 아닐 것이었다.

게다가 내가 그렇게 생각한 데는 다른 이유도 있었다.

내가 이 길을 끝내자마자 바르셀로나로 돌아간다고 해도, 한국까지 돌아갈 날짜는 20여 일이나 남을 텐데, 그 기간 동안 머물 일이 걱정스러웠기 때문이다. 어차피 J나 스페인 친구들의 신세를 지면서 바르셀로나에 있어야 하는데… 그건 너무 괴로울 일이다. 그래서 궁리 끝에, 가장 경제적인 방법이 길을 걷는 일이란 결론을 내린 것이다. 그러면 물론 다른 사람들에게 신세를 질 일도, 그래서 미안한 마음을 가질 일도 없을 테니까…

그러니 여러 면에서 합리적인, 스페인 내의 다른 코스인 '은의 루트'로 돌리자는 생각이 굳어져 가는 중이다.

어차피 고생이야 되겠지만 여태까지 걸어와서 내 몸이 많이 적응된 상태인데다, 남쪽으로 가면 기후도 여기보다는 온화할 것이라 더 나으면 나았지 나쁘지는 않을 거라는 계산도 작용했던 것이다.

아무튼 산티아고까지 걸어간 다음에 또 다른 길을 걸을 생각까지 하고 있는 내가 의외이긴 하다. 그런데 그건 내 스스로 생각해도 정말 놀라운 적응력 아닌가.

사람 사는 일

그저께, 스페인 수도 마드리드의 아또차(Atocha)라는 기차역에서 대형 폭탄 테러가 있었다고 한다. 200명 정도가 죽고 천여 명의 부상자가 난 엄청난 사건이었다고 하는데… 총선을 앞두고 있는 스페인은 지금, 온 나라가 벌컥 뒤집혀 있었다.

내 개인적으로도 그런 테러에 대해서는 끔찍하게 반대하는 입장이기도 하지만, 하필이면 그 게 지금 내가 있는 스페인에서 일어난 사고라는 게 놀랍기도 했고, 그만큼 불안하기도 했고 또 유감이었다. 그러니, 뉴스를 접했을 한국의 가족이나 지인들도 내 걱정을 하고 있을 터였다.

사실 날마다 산으로 들로 싸돌아다니는 생활을 하다 보니, 나는 정작 그런 사실도 모르고 있었다. 그러다가 오늘 아침에 잠깐 동행이 되었던 한 스페인 순례자를 통해 그 소식을 들었던 것인데…

참, 이 세상엔 왜 그런 일들이 벌어지는지… 무고한 생명들이, 어느 한 순간 흔적도 없이 사라져버렸다는 일이 믿기지도 않을뿐더러 가슴 아픈 일이었다. 그러면서도 나에게는 어쩐지 마음에 걸리는 게 하나 생겼다.

〈그러나 신도 어쩔 수
없는 일도 있을 수 있지〉,
1996, 펜, 수채

물론 그럴 리는 없겠지만, 지난번 로그로뇨에서 헤어진 스페인 친구 J Ma는 어찌 되었을까 하는…

며칠을 같이 걸으면서 꽤나 정이 들었던 사람 좋은 30대 중반의 스페인 젊은이 말이다. 그 당시 걸으면서 나에게 참 잘 대해주었는데…

그와는 며칠을 같이 지내면서 자연스럽게 내가 길을 떠나오기 바로 전에 지갑을 잃어버렸다는 얘기를 하게 되었는데, 그 얘기를 들은 그는 그 뒤에는 오히려 더 친절하고 자상하게 나를 대해주었었다. 자기

〈쉬고 있는 예수〉, 2002, 수채

는 일정이 길지 않아, 경제적으로 충분한 여유가 있다면서…

그런 좋은 사람인데, 바로 그가 마드리드 출신인데다가 지금도 마드리드에 살고 있는데, 시내 한복판 기차역에서 그런 사건이 터졌다 하니… 혹시 그에게 무슨 일이 일어났나 했던 것이다.

그래서 전화를 걸어보기로 했다. 그게 가능했던 것도, 그 동안에 이 길에서 만나고 헤어졌던 다른 사람들은 내가 가지고 다니는 메모지에 메일 주소만을 남겨놓고 헤어졌었는데, 그는 집은 물론 핸드폰 전화번호까지 적어놓고 떠났기 때문이었다.

그래서 우선 제일 확실한 핸드폰에 전화를 걸었는데, 연결이 안 되었다. 자동 응답으로 지금 전화연결이 안 된다는 음성 메시지만 뜨고 있었다.

혹시?…

그래서 다시 몇 번을 더 걸어보아도 마찬가지였다. 그러니 내 걱정은 자꾸만 커져갈 수밖에.

안되겠다 싶어서 집 전화를 눌렀다.

그랬더니 전화를 받은 건, 웬 여인이었다. 순간 그의 처일지도 모른다는 생각을 했다. 그는 이미 나에게 프랑스 여자와 결혼해서 한 살 되는 딸아이를 갖고 있다고 했으니까.

J Ma의 집이냐고 물으니, 그렇다고 했다. 그래서 그가 있냐고 물었더니 누구냐고 다시 묻는다. 내가 누구라 한들 알아볼 수 있을까? 하는 생각으로, 그저 산티아고 가는 길의 한 뻬레그리노라고 했더니,

여인은 바로 다급한 듯 그리고 반가운 듯한 목소리로… 알았다며 조금만 기다리라고 했다.

그렇다면 그가 집에 있다는 얘기 아닌가. 무엇보다도 우선은 안심이 되었다.

그런데 전화를 통해 그들의 소리가 들려왔다. 그 여자가 J Ma를 부르는 소리가 나더니, 누구냐고 묻는 남자 목소리가 더 멀리서 들려오는 것 같았는데, 'Moon!' 하던 것이었다.

어? 어떻게 내 이름을 알았지? 내가 이름을 밝히지도 않았는데…

이라체 '포도주 샘' 앞의 J Ma

순간적으로, 아마, J Ma가 집에 돌아가 내 얘기를 했나 보다 하는 생각이 들었다. 그러니까 내 억양만 듣고서 확인하지도 않은 채 나라고 얘기할 수 있었을 것이다.

그렇게 J Ma가 전화를 받았는데…

그의 목소리는 반가움에 커지고 들떠가는 것 같았다. 그가 이 길을 걸을 때 핸드폰으로 전화를 걸 때와는 영 딴판이었다. 그와 며칠을 같이 걸으면서 그가 전화를 하거나 받는 걸 보았던 기억이 생생했으니까… 그런 그는 내가 얘기할 틈도 없이, 지금 어디냐? 잘 있냐? 걷는 데 어려움은 없냐? 등등을 숨도 안 쉬고 물어왔다.

나는 여전히 건강하고 지금은 갈리시아 지방으로 넘어온 상태라고 하자, 벌써 거기까지 갔느냐고 놀란다.

그제서야 내가 마드리드 참사 때문에 걱정이 되어 전화를 했다고 하자, 그는 갑자기 목소리를 낮추면서 서글픈 일이라고 한다. 물론 다행스럽게도 자기는 아무 이상이 없다면서…

아무튼 무사하다니 참으로 다행이라고 얘기했더니, 이렇게 전화까지 걸어줘서 자기가 고맙다면서, 나에게서 전화가 걸려오리라고는 상상하지도 않았다고 했다.

그런 저런 얘기가 길어지고 있었다. 나는 빨리 전화를 끊어야겠는데(스페인은 전화요금이 우리보다 훨씬 비싸므로.), 그는 전화를 끊을 생각을 않고 있었다.

마지막으로 그는 내가 마드리드에 들를 일이 있으면 꼭 전화를 하고 자기 집에 와서 머물라고 당부를 하면서 전화를 끊었다. 살아 있다는 사실만 알아도 될 일이었는데, 전화 통화는 10여 분이나 걸렸다.

아무튼 다행이었다. 그렇게 좋은 사람에게 폭탄 테러의 여파가 없다는 것이… 하기야 그 폭탄 테러가 어디 사람 좋고 나쁜 걸 가려가며 발생했을까…

그건 그렇고, 돌아가는 길에 정말 마드리드에 한번 들러볼까?

(나는 길을 끝내고 '은의 루트'를 걸은 뒤 바르셀로나로 돌아가는 중에 마드리드에 들러 이들을 만나 극진한 대접을 받는다.)

사람의 향기

갈리시아 지방 산티아고까지 *Galicia*

이건 초등학교 교과서에나 나올 법한 진부한 얘기일지라도,
나도 최소한 인간의 냄새가 나는 사람이 되어야겠다고 다짐해봅니다.
어디서나 누구에게나 사람의 향기를 풍기는 사람이 되고 싶습니다.
꼭 상냥하고 친절하고 좋기만 하자는 건 아닙니다.
비록 성깔이 있어서 화를 내고 싸울 때도 있겠지만,
최소한 내 스스로의 양심에는 벗어나지 않으면서 인간적인 냄새를 풍기는 사람이면 되겠습니다.

갈리시아 지방의 독특한 지붕 모양

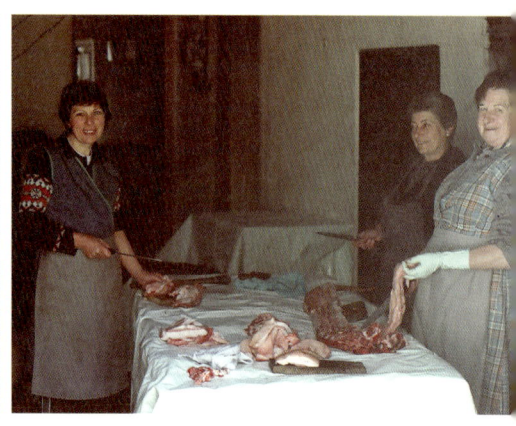
한 마을을 지나는데 갈리시아 여인들이 고기를 썰고 있었다.

순례자 조형물

하찮은 일?

오늘 그동안 입고 다니던 검은 오리털 파카를 버렸다.
서울에서 떠나올 때, 저걸 가져가야 하나 말아야 하나… 하며 꽤나 망설이다가, 부피에 비해서 무게가 많이 나가지는 않는 것이어서 입다가 버리자는 생각으로 가져왔던 것이었다.
그 오리털 파카는, 유난히 춥기도 했고 또 눈도 많이 내렸다는 이번 겨울에 아주 요긴하게 써먹었다. 담요가 부족한 알베르게에선 침낭 위에 그것을 덮고 잤고, 찬바람 횡횡 몰아치는 새벽길이나 들판길에는 으레 오리털 파카를 입고 걸었다. 거기다가 주머니가 커서, 카메라의 줌 렌즈 같은 건 아예 그 호주머니에 넣은 채 다닐 정도로 짐 운반용으로도 잘 써먹었다.
애당초 가져올 때도 추우면 입고 그렇지 않을 경우엔 버려도 되는 평소에 장롱 안에서 부피만 차지하던 것이라 그리 아깝거나 애석할 일은 없었다. 그리고 입고 다니느라 햇볕에 조금은 누렇게 바래 꼬질꼬질해 보였던 거라…
아무튼 그래도 추운 알베르게에서는 아주 잘 써먹었다.

그리고 요 며칠 전부터는 기온이 많이 올라서, 자루에 넣어 배낭 옆

구리에 매달고 다녔는데, 이제 1400고지의 오 세브레이로도 올랐고 (거기서마저 입지 않아도 되었음) 앞으로도 추워질 것 같지 않거니와 더 높은 산악지역에 오를 일도 없어서, 짐도 덜 겸 해서 오늘 아침에 과감히 버렸던 것이다.

그런데 별일 아니라고 생각했는데, 그걸 버리는 순간 콧등이 찡해지던 이유는 무엇이던가…
한국에 있다면 이런 일이 어디 있을라구?

구멍 난 내 양말

계절의 변화

오후 길을 걷다 보면 스스로 느낀다. 얼굴이 벌겋게 상기되어 있음을…

거울을 보아서가 아니고, 그저 스스로 얼굴에 열기가 있음을 느낄 수가 있다. 거의 30km 이상 되는 길을 하루 종일 걸어서 그러리라.

그때는 별 감각도 없다. 내가 걷고 있는 건지 날아가는 건지…

그런데 오늘 거울을 보니 내 얼굴의 모자 그늘에 가린 코 윗부분과 그 아랫부분의 색깔이 선명하게 달라 보이기에… 혼자서 웃었다.

그러니까 얼굴이 코 선을 기준으로 색깔이 다르니… 아니 웃기겠는가?

그리고 해가 나면 벌써 더위를 느껴, 그늘이 있는 길을 찾게 된다. 어떤 사람들은 벌써 반바지 차림에 상의도 벗어 반팔로 걷고 있는 모습을 보여준다. 아직은 겨울이 남아 있을 텐데…

봄이 온 걸까?

엊그제까지만 해도 추워서 오리털 파카를 입었는데…

하기야 나도 이미 그 동안 입고 걸었던 파카를 버렸으니까…

그러니 무거운 배낭을 짊어지고 지는 해를 향해서 걷다 보면 얼굴에서 열이 안 날 리가 없으리라.

그리고 갑자기 마시는 물의 양도 많이 늘었다.

마셔도 마셔도 목이 타서, 자꾸만 물을 찾곤 한다. 그것도 가능한 한 시원한 물을…

봄인가 보다.

이름 모를 수도 없이 많은 꽃들이 피어 있고, 우리와 같거나(민들레, 수선화, 산당화, 오랑캐꽃 등) 비슷하면서도 조금은 다른 모습(벚꽃 종류, 개나리 등)의 꽃들이 여기저기서 소리 없이 피고 있다.

그리고 목초지인 갈리시아 지방의 산야는 연두빛 풀로 빛나고 있다.

오랑캐꽃

파릇파릇 풀이 돋은 목장엔 소들이…

　우리의 봄바람과는 달라도 이젠 바람도 훈훈해서 한낮엔 더워 땀을 흘리며 걷다가 그늘을 찾아가곤 한다. 그래서일까? 오늘은 길에서 조그만 뱀 한 마리와 색깔이 화려한 도마뱀 종류도 보았다. 파충류도 봄볕에 몸을 맡기려고 밖으로 나왔다가 내 눈에 띄었던 것이다. 나는 얼른 사진을 찍었지만, 그들이 곧 도망가는 바람에 좋은 자세(모습)를 담을 수는 없었다. 사진은 타이밍인데, 놓친 것이다.

　길에서 만난 한 스페인 친구는 긴 바지가 걸리적거려, 큰 마을을 지나면서는 그 바지를 벗어버리고 반바지를 사서 입었다고 했다. 시원해 보이긴 했다.

길 모퉁이에서 발견한
녹색 도마뱀

그래서 내 바지도 가위로 잘라 버릴까? 하는 생각도 해보았다. 그렇지만 아직은 아무래도 시기상조리라.

나른한 몸으로 걷다가 한 다리 밑에 졸졸 흐르는 시냇물에 무거운 양말을 벗어버리고 발을 담갔다.
그런데 물이 그다지 차게 느껴지지 않는 걸로 봐서도 시절이 바뀌고 있다는 것을 실감할 수 있었다.
아라곤 코스를 걸으며 냇가를 건널 땐, 발이 얼어붙는 줄 알았었는데… 까스띨랴 지방에서는 눈에 푹푹 빠져가며 걸었던 것도 바로 얼마 전의 일이었던 것 같은데…

아, 이렇게 계절도 바뀌고 있나 보다.
그러다 보니, 내가 살았던 세상이 더욱 그리워진다.

〈봄이 왔네…〉, 2004, 수채

편지

사람의 향기

　천 킬로미터가 다 되는 이 길을 걸어오다 보니, 이번에도 많은 사람들을 만났습니다. 어차피 세계 각지에서 오는 사람들이라 인종과 언어 역시 다양하기만 했는데요. 그 중에는 그저 얼굴만 스치고 지나가는 사람이 있는가 하면 어떤 사람은 같은 숙소의 바로 옆 침대에서 잠을 자는 경우도 있습니다. 그런 사람 중에는 또 며칠을 같이 보내게 되는 사람도 있구요.
　그렇게 만나는 사람들 역시 천태만상인데요. 밝고 상냥한 사람, 거칠고 투박한 사람, 소박하고 얌전한 사람, 무뚝뚝하고 차가운 사람… 내 맘에 드는 사람, 그래서 같이 걷고 싶은 사람이 있는가 하면, 그저 그런 사람이나 다시는 보고 싶지 않은 사람도 있습니다. 어디서나 사람은 참으로 다양한 것입니다.
　그런 사람들 중에는 나 같은 사람도 있다는 게 새삼스럽게 와 닿기도 하구요.

　그러면서 느끼지만, 역시 사람은 누구나 그 나름대로의 향기가 있는 것 같습니다. 아무리 인종이 다르고 생김새와 언어가 다르다 해도… 그건 꼭 살아온 나이와 정비례하는 건 아닌 것 같았습니다. 직업이나 생김새와는 상관없이 사람에 따라 각자 다른 향기가 있는데, 나는 아무래도 짙은 향

〈비노 색(色)〉, 2000, 펜, 수채

기가 뿜어져나오는 사람이 좋습디다.

 그런데 여기서도 느끼지만, 사람은 겉만으로 판단할 수는 없다는 것입니다.
 겉보기엔 밝고 상냥한 것 같아도 시간이 지나면서는 얄팍하고 가식에 불과하다는 걸 느끼게 하는 사람이 있는가 하면, 그와 반대로 아무리 겉으로 보잘 것 없고 무뚝뚝해도 지나다 보면 그 사람의 언행에서 뭔가 깊은 인간미가 우러나오는 사람도 보았습니다. 그렇게 사람을 마주하다 보면 종종 헷갈리는 경우도 있지만, 시간이 지나면서는 그 향기만큼은 느껴지는 것이니…

편지

　그래서 이건 초등학교 교과서에나 나올 법한 진부한 얘기일지라도, 나도 최소한 인간의 냄새가 나는 사람이 되어야겠다고 다짐해봅니다. 어디서나 누구에게나 사람의 향기를 풍기는 사람이 되고 싶습니다.
　꼭 상냥하고 친절하고 좋기만 하자는 건 아닙니다. 비록 성깔이 있어서 화를 내고 싸울 때도 있겠지만, 최소한 내 스스로의 양심에는 벗어나지 않으면서 인간적인 냄새를 풍기는 사람이면 되겠습니다.

　그렇다고(내가 이런 말을 했다고 해서) 내가 한국에 돌아간 뒤, 날 만만하게 본다면?
　하 - 하 - 하 -
　내 성질 아시죠?

길과 나그네

막바지 동행

나는 여기서, 이 길의 끝 무렵 나흘 동안 같이 했던 한 할머니에 대한 얘기를 꺼내려 한다. 아마 그 일은 이 글을 읽는 사람에게도 조금 특별할 수 있고, 또 나에게도 여러 가지를 생각하게 했던 일이어서, 직접적인(개인적인)일이긴 하지만 그 분과의 얘기를 조금은 집중적으로 적으려 하는 것이다.

첫날 (만남, 동행)

어젯밤은 잘 먹지도 못했고 잠도 불편하게 잤다. 사리아(Sarria) 알베르게는 빛 좋은 개살구 같은 곳이었다. 난방도 안 되었고, 뜨거운 물도 나오지 않는데다 담요마저 없었다. 그리고 하필이면 일요일이어서 도심의 모든 가게가 닫혀있어, 과일은커녕 겨우 바게트 빵만 사다가 참치를 얹어 니글거리는 식사를 할 수밖에 없었다. 게다가 숙소 관리인 여자는 겉으론 온갖 친절을 다 떨던데 정작 순례자들의 편의를 위해 해주는 건 전혀 없었다. 그러다 보니 숙소에 머무는 것마저도 싫어서, 가능한 한 빨리 벗어나자며 다른 날보다 서둘러 나는 아침 일찍

갈리시아 풍경

첫 번째로 알베르게를 나와 버렸다. 그래서 쌀쌀한 아침 길을 걷다가 서서히 기온이 오르는, 이제 10시가 넘어갈 무렵이 되고 있었다.

햇살은 따스했고, 부드러운 연두 색 목초지의 평화로운 갈리시아(Galicia) 풍경이 펼쳐지고 있었다.

한 언덕 길 모퉁이를 도는데, 저만치 웬 자그마한 여자의 뒷모습이 보였다. 그런데 앞으로 걸어나가는 게 아니고 어쩐지 머뭇거리는 모습이었다. 조금 가까이 가 보니, 길에 문제가 있었다. 부근은 땅이 몹시 질었고 양쪽은 돌담으로 막혀있어서 빠져나갈 틈이 없어, 그 여자는 미끄러지지 않을 땅을 고르며 발 디딜 곳을 찾고 있었던 것이다.

인기척이 느껴졌는지 여자가 뒤를 돌아다보던데, 그 순간, 나는 놀라고 말았다. 그저 한 여자일 뿐이라고 생각했었는데 백발의 할머니

사람의 향기 **259**

C 할머니가 걸어가고 있다.

였던 것이다.

"저런 할머니가 어떻게…"

그런데 사람이(내가) 오니 길을 비켜주려는 듯 옆으로 움직이던 노파는 하마터면 미끄러질 뻔했다. 그래서 나는 얼른 그 노파의 한쪽 손을 잡아드렸다.

"땡큐(Thank you!)"

물론 겉보기에도 스페인 사람 같지는 않았지만 영어로 말을 하는 것으로 보아, 독일인이 아닐까 싶었다.

'이런 노파가 어떻게 이런 길을 간다고 그러나?'

그런 생각을 하면서도, 나는 그 분을 계속 부축해 드려야 한다는 일종의 책임감(?) 같은 게 느껴졌다. 무엇보다도 진흙 길에서 그 노파를 안전한 길까지 모셔야만 할 것 같았다.

그래서 나는 딛기에 조금 나은 곳을 가리키며, 히어(here), 데어

(there) 하면서 노파의 한 손을 잡고 길을 안내했다. 신발은 진흙에 빠져버렸고 가끔은 미끄러질 듯하면서… 그렇게 한 30m 정도 되는 진흙길을 빠져나왔다.

"대단히 감사합니다."

노파는 인사를 했다.

"천만에요."

하면서 그 노파를 바라보니, 환하게 웃는데 얼굴에 잔주름이 많았다. 아마 일흔은 훨씬 넘은 분 같았다.

"당신은 순례자십니까?"

하고 내가 묻자, 그렇다고 했다. 그래서 어느 나라 사람이냐고 했더니, 아일랜드 사람이라고 했다. 그러면서도 자기는 스페인 마드리드에 살고 있다는 말을 덧붙였다. 이 길을 혼자 걷느냐고 물었더니, 역시 그렇다고 했다.

'아니, 이런 몸으로 어떻게 혼자 걷겠다고…' 나는 다시 한번 속으로 놀라고 있었다.

그렇게 우리는 얘기를 시작하게 되었고, 얼만가는 같이 걷게 되었다. 다른 사람이었다면, 그저 인사나 나누고 지나쳤겠지만, 일흔이 넘은 백발 노파가 그렇게 위태롭게 혼자 걸어가는데 그냥 지나칠 수만은 없어서였다.

그 노파 역시 나에게 고마움을 느꼈는지, 이것저것을 물어왔다.

'어디 사람이냐, 무엇하는 사람이냐?' 등등…

그런 노인에게 머뭇거릴 일은 없었다. 그래서 내가 화가라고 하자,

자기는 조각가라고 했다. 그것도 나를 놀라게 했다. '힘도 없을 텐데 무슨 조각을 한다는 걸까?' 그런데 그 분은 내가 어떤 그림을 그리는지 퍽 궁금해 하기에, 마침 배낭 바깥 주머니에 가지고 다니던 내 책을 꺼내 보여드렸다. 거기엔 지난번 이 길을 걸으며 그렸던 내 그림들이 수록돼 있으므로, 내가 어떤 그림을 그리는지 굳이 내가 입으로 설명하지 않아도 될 것이어서. 게다가 어차피 같은 미술을 하는 사람이기도 해서, 망설일 일도 없었다.

천천히 책을 넘겨보던 노파는

"내가 오늘 유명한 화가를 만났네요."

하는 것이었다. 그래서 내가 웃으면서,

"나는 유명한 화가는 아니지만… 살다 보니 이렇게 책도 내게 되었어요."

하고 말했더니, 책장을 넘기던 노파는 날더러 다시 물었다.

"문필가세요?"

"그런 건 아닌데, 글 쓰는 것도 좋아합니다."

"그러면 앞으로 유명해질 텐데…"

마땅히 대꾸할 말이 없던 나는 그저 어깨를 조금 들썩였을 뿐이다. 그러자 노파는 말했다.

"파올로 꼬엘료에 대해 아세요?"

"글쎄요, 금시초문인데요…"

"브라질 소설가인데, 이 '산티아고 순례자' 란 소설로 세계적으로 유명한 사람을 어떻게 모르지요?"

그리고 보니, 이 프링스 코스 초엽에서 만났던 엉뚱했던 저녀 B가

산티아고 100km 지점 이정석에서 C 할머니와 함께   그때 길을 가던 한 독일인도…

  떠올랐다. 그녀도 나에게 그 소설가에 대해 물어보았던 것 같았는데, 그때도 나는 역시 금시초문이라면서 '그런 사람도 있나?' 했을 정도였다. 그러니 지금까지도 그 이름을 기억하지 못했던 것이다.

  그래서 내가, 도대체 그 소설이 어떻길래 사람들의 입에 자주 오르내리느냐고 물었더니, 노파 자신도 그 책을 잘 이해하지는 못하지만 아무튼 세계적으로 유명하긴 하다면서, 나도 책을 냈으니 그렇게 유명해질지 어떻게 알겠느냐고 했다.

  그래서 나는 큰 소리로 웃으면서, 내 책은 문학작품인 소설이 아닌 그저 내가 이 길을 걸으며 보고 느낀 것을 사진과 그림을 곁들여 실은 개인적인 감상 책에 불과하다고 말해주었다. 그랬더니, 사람 일은 모르는 거라고 하기에, 나는 역시 껄껄 웃으면서 할머니는 한국말을 모르니까 그렇지 이 책으로 그럴 일은 없을 거라고 대답했다.

  그 노파는 내 책을 다 훑어보고는, 자신이 메고 다니던 작은 가방에서 수첩을 꺼내더니 겉표지 안쪽에서 명함 하나를 꺼내 나에게 주었다. 거기에는 '조각가 신시아(Cynthia)'라고 적혀 있었다.

C 할머니는 매년 이 산티아고 가는 길을 걷고 있다고 했다. 그런데, 처음부터 풀 코스를 다 걷는 것이 아니라 바로 내가 어제 묵었던 사리아에서부터 산티아고까지(약 115km), 그러니까 100km 정도만 걸어서 순례를 하는 것이었다. 그건 나도 지난번에 왔을 때도 사리아 부근부터 사람들이 급격히 늘어나는 것을 겪어보았기 때문에 익히 아는 사실이었다. 그렇지만 아무리 100km라고는 하나, 그런 노인이 이렇게 걸을 생각을 했다는 것 자체도 예삿일은 아닐 것이었다.

C 할머니는 날더러, 오늘 어디까지 갈 거냐고 물었다. 그래서 다음 알베르게가 있는 조금 큰 도시인 뽀르뜨마린(Portmarin)까지 가려고 하는데, 어젯밤 사리아 알베르게에 사람이 많았기 때문에 뽀르뜨마린에 가면 오늘도 많은 사람들로 북적댈 것 같아, 그 다음 알베르게가 있는 곤사르(Gonzar)까지 갈지도 모른다고 말해드렸다. 그랬더니 C 할머니는 자기도 그러고 싶다고 말했다.

'아니, 그 몸으로 그러니까 그 걸음으로 뽀르뜨마린까지도 힘드실 텐데 거기서 8km나 더 가는 곤사르까지?'

나는 믿을 수 없었다. 아니, 믿지 않았다.

그런데 C 할머니는 날더러 자기는 나와 걷는 리듬이 다르니(느리게 걸으니) 나 먼저 가라고 했다. 그래도 그런 늙으신 분을 혼자 그냥 두고 갈 수가 없어 웬만하면 같이 가보려고 했는데, 걱정하지 말라면서 오늘 밤에 다시 보자고 했다.

그래서 하는 수 없이 나는 그 분을 앞질렀는데, 조금 가다 보니 산티아고까지 100km가 남았다는 이정표가 있어서 나는 그 분이 오기까지 기다렸다. 거기서 기념촬영이라도 같이 하려고.

내 말을 들은 C 할머니는 쾌히 승낙을 했다. 그리고 바로 머리를 가다듬으며 옷차림도 추스르셨다. 나는 웃음이 나왔다.

'아무리 늙어도 그리고 서양 여자도, 여자들은 이쁘게 보이고 싶은가 보다.' 하고 속으로 생각하면서…

"조심해서 걸어오세요."

인사를 하고 그 분을 앞질렀다. 그리고 얼마를 가다가 옆으로 새서 한 언덕에 앉아 갈리시아 풍경 드로잉을 했다.

〈갈리시아 풍경〉, 2004, 수채

뽀르뜨마린 입구의 다리

뽀르뜨마린에 도착하여 제일 먼저 나는 슈퍼마켓에 들러 먹을거리를 샀다.

점심시간과 맞닥뜨려 거의 문을 닫을 시간이었는데 주인인 듯한 남자가 내가 서두르는 모습을 보면서, 천천히 물건을 고르라고 웃으며 말해주었다. 그렇게 먹을거리를 사는데 한 순례자가 들어왔다. 머리가 약간 벗겨진 그와는 어젯밤 사리아 알베르게에서 눈인사를 했었기에 구면이었다.

거의 동시에 우리는 슈퍼마켓에서 나왔고, 둘 다 어디에 갈 것인지를 묻다가, 곤사르라는 걸 확인하고는 같이 걷게 되었다.

사실, 그곳 뽀르뜨마린에 머물 생각도 없었던 건 아니다. 왜냐면,

C 할머니가 혹시 뽀르뜨마린까지 올지도 몰라서 내심 '그 분이 정말 도착할까?' 하는 생각은 계속 내 마음 속에 자리잡고 있었던 것이다. 그런데 공교롭게도 뽀르뜨마린의 알베르게는 공사 중이었고, 그 옆의 작은 건물을 임시 알베르게로 사용하고 있어서 잠자는 데는 문제가 없을 거라는 안내도 있었다. 그렇지만 어제 사리아 알베르게도 사람이 많았는데 그 사람들이 거의 다 여기로 올 것이어서 나는 그곳에 머물고 싶은 마음이 없어졌다. 어차피 그 노파한테는 내가 뽀르뜨마린에 머물지 않을 거라고 얘기를 해 두었던 터라, 미련을 갖지 말자고 마음을 돌렸었다.

나와 동행이 된 스페인 사람은 호세(Jose)였다. 고향은 바스크 지방의 빌바오(Bilbao: 구겐하임 미술관이 있는 도시)인데 마드리드에서 항공사에 다닌다고 했다.

그와 뽀르뜨마린을 벗어나 언덕에 오르다 앞이 확 트인 곳에 앉아 점심을 먹었다. 그도 배가 고팠는지 내 행동에 같이 동참해 주었다.

그런데 보까딜료를 먹다가 그가 '혹시 오늘 걸어오면서 백발의 노파를 보았느냐?'고 물었다. 그래서 오전에 보았다고 했더니, 자기도 조금 전에 뽀르뜨마린에 도착하면서 그 노파를 앞질러 왔다면서, 대단한 노파라고 했다. 나는 다시 한번 놀랐다. 그 분은 기어이 뽀르뜨마린까지 온 것이었다.

내가 드로잉을 하는 사이 나를 앞질렀겠고, 조금씩 걸어서 결국은 뽀르뜨마린에 도착했던 것이다. '그런데 그 이후에 왜 나는 길에서 그 분을 못 봤지? 그렇다면, 여기에서 머물 건가 아니면 곤사르까지 올 건가?' 그런 생각이 들었지만, '아무래도 너무 힘이 들어(오늘만 해도 이미 20km 이상을 걸었으니까…) 여기서 머물겠지…' 하면서도, 곤사르까지 도착할 거라는 가능성도 부인할 수만은 없었다.

　오후 길은 J와 이런저런 얘기를 하면서 걸었다.

　그는 한 번 결혼을 했다가 실패를 해서 이혼하고, 지금은 부모님과 함께 살고 있다고 했다. 그렇지만 항공사에서 근무해서 그런지 국제적인 감각이 있는 점잖은 사람이란 걸 느낄 수 있었다. 그런데 막바지에 다리에 문제가 있는지 J는 자꾸만 뒤로 처지고 있었다. 그렇지만 우리는 오후 네 시쯤에 곤사르에 도착했다.

　지친 몸으로 곤사르 알베르게에 들어가니, 웬걸! 어젯밤에 사리아 알베르게에서 시끄럽게 굴던 여자들 그룹이 먼저 도착해 있는 게 아닌가. 나는 김이 팍 샜다. 말 많고 시끄러운 사람들이라 함께 머물긴 싫었는데.. 더구나 어젯밤에도 그들의 수군대는 소리 때문에 잠을 자기가 힘들었기 때문에 오늘도 그러긴 싫었다.

　나는 J에게 다음 알베르게가 머지 않으니(4km 앞) 그곳으로 가고 싶다고 했는데, J는 아무래도 다리에 문제가 있어서, 자기는 거기서 그냥 머물겠다고 했다.

　하는 수 없이 나는 바로 혼자 길을 나섰다. 나오면서 그늘의 의자에서 쉬고 있는 J에게, 나는 내일은 멜리데(Melide)까지 갈 거라고 했더니 자기도 그럴 거라고 했다. 그래서 나는, 혹시 C 할머니가 곤사르에 도착하면, 나는 사람이 너무 많아서 다음 숙소로 갔다고 전해달라는 말을 하고, 어느새 서쪽으로 부쩍 기울어 있는 해를 보면서 길을 떠났다.

숲길

둘째 날 (놀라움의 연속)

다른 날과 다르게 아침에 알베르게에서 조금 늦게 나오는데, 어제 곤사르에 묵었던 키가 큰 스페인 사람 하나가 이 알베르게에 들러 직인을 받고 나가는 중이었다.

그는 나를 보자 아는 체를 하면서, 어젯밤에 C 할머니가 곤사르에 도착해서 그들과 함께 저녁까지 먹었다는 것이었다. 물론 내 말도 전했다고 했다. 어제 내가 J와 이별을 할 때 그들도 그늘의 벤치에 있었는데, 내 말을 들었던가 보았다.

나는 다시 놀라고 말았다. 그렇다면 그 몸으로 도대체 몇 km를 걸었단 말인가. 놀라운 일이었다.

그러면서 나는 C 할머니께 미안한 생각이 들었다. 곤사르에 머물겠다고 해놓고 거기서도 더 왔으니까…

"그럼, 잘 하면 오늘은 길에서 그 할머니를 만날 수도 있겠네…"
라고 그에게 얘기를 했더니, 그도 그럴 거라고 확신에 찬 듯 맞장구를 쳐주었다.

그러나 나는 오늘도 길에서 C 할머니를 보지 못했다.

어쩌면 4km 앞 숙소에서 잤던 내가 출발할 때까지 C할머니는 내가 있던 곳에 닿지 못한 상태였나 보았다. 나는 노인네고 해서 아침잠이 없으리란 가정 하에 이미 4km는 더 나아가 있을 줄 알고 조금 발걸음을 서둘렀었다. 만나면 미안하다는 말이라도 하고 싶어서였다. 그리고 그 연세에 어떻게 걸어가는지 한 번 더 보고 싶은 생각도 있었던 것이다.

그러면서도 오늘도 C 할머니가 그 거리를 걸어(거의 32km) 멜리데까지 도착하실까 하는 의문이 생겼다. 아무래도 그리 쉽지만은 않은 코스인데…

오늘은 길에 멈춰 글을 쓰거나 드로잉을 하지는 않았다. 웬일인지 몸이 썩 좋지가 않아서 막바지엔 조금 천천히 걸어서 저녁 무렵에 멜리데에 도착했다.

역시, 알베르게에 도착하기 전에 먹을거리를 준비했다. 어차피 돈을 아껴야 하는 건 기본이지만, 무엇보다도 한번 알베르게에 들어가면 다시 밖으로 나오기 싫었던 게 더 큰 이유였다.

내가 알베르게에 들어가(이미 큰 방 하나는 만원이어서 새로운 방에 첫 손님으로 들어갔음) 샤워를 하고 나오니, 바로 그때 J가 도착했다. 그래서 J도 내가 짐을 푼 방으로 들어왔는데, 우선 C 할머니에 대해 물어보았더니, 아침 늦게 출발했던 J도 오전에 C 할머니를 앞질렀다고 했다. 그때 얘기로는, 그 분도 멜리데까지 온다고 했다는 것이다. 그러면서 J도 30km가 넘는 길을 걸어온다는 것에 대해 반신반의하는 것이었다. 그래서 내가, 나도 그 분을 길에서라도 만나려고 했는데 못 뵈었다고 했더니, J는 웃으면서, 그렇다면 틀림없이 나를 보기 위해서라도 멜리데에 도착할 거라고 했다.

그리고 얼마 있다가 밖에서 웅성웅성대는 소리가 들리더니, J가 문을 열고 들어오면서 내 이름을 크게 불렀다. C 할머니가 도착했다는

갈리시아 지방의 옥수수 보관창고 오레오 아래로 난 길을 통과하며…

멜리데 문어 음식을 먹으러 간 그 밤의 동료들. 나중에 나는 마드리드에 들러 그들을 만났고 그 밤의 사진을 받았다. 그러면서 그때 그들과 함께 가지 않았던 것을 후회했다.

것이다. 2층 침대에서(다른 사람들의 눈을 피하기 위해 일부러 2층 침대를 잡고 있었음) 글을 쓰다가, 나는 뛰어내려와 밖으로 나갔다. 나를 본 C 할머니는 아주 밝은 표정으로,

"문, 여기 있었네?" 했다.

많은 사람들이 C 할머니를 빙 둘러서 알베르게에 도착한 것을 환영했고 반겨주고 있었다. 특히 J는 어제도 같은 알베르게에서 묵었던 정으로, 아주 극진히 C 할머니를 보살피고 있었다. 그래서 우리는 그 분의 배낭을 우리 방으로 옮겨 내가 자리잡은 1층 침대에 배정해 드렸다.

그때 J는 나에게 오늘 저녁식사를 C 할머니를 모시고 같이 하자고 제안했다.

"나는 이미 저녁거리를 사왔는데…"

조금 곤란한 듯이 내가 말을 했더니, 자기가 저녁을 살 테니까 걱정 말고 같이 가자고 재차 강조했다. 더구나 여기는 문어요리가 유명한 곳이라며, 같이 가서 맛이라도 보고 가자는 것이었다.

그러나 그 상황은, 많은 사람들의 시선이 온통 C 할머니께 집중되어 있던 터… 어수선한 상태여서 나는 조용히 내 자리로 돌아와 하던 일을 계속했다.

그런데 다시 J가 들어오더니, 지금 밖에선 한 신문사의 기자가 와서(아마 알베르게의 관리자가 신문사에 연락을 취한 듯) 사진을 찍으려고 한다며 날더러도 나오라고 했다. 그러니까 C 할머니와 같이 걸어왔던 순례자들의 사진을 찍어 신문에 내려는 것이라고 했다. C 할머니가 주인공이 될 거라는 말에 나도 나가서 그들과 함께 포즈를 취해주었다. 열 명도 넘는 사람들이 할머니와 함께 사진을 찍었다.(그러나 그 신문은 나오지 않은 것 같다.)

그런 다음에도 신문기자는 정신없이 C 할머니께 질문을 퍼붓고 있었다. 그래서 나는 조용히 내 자리로 돌아와 다시 내 일을 계속했다. 왜냐하면 그날따라 알베르게엔 사람들이 특히 많았는데(멜리데 알베르게는 크다.) 유일한 동양 사람이었던 나에게도 관심을 갖는 눈치여서, 얼른 자리를 피해버렸던 것이다.

인터뷰도 끝나고 전혀 지친 기색도 없어 뵈던 C 할머니는 샤워를 한 뒤 저녁을 먹으러 나가면서, 나에게 같이 가자고 했다.

그러나 나는 미안하다며 사양했다. 이미 저녁거리를 다 준비했던 이

갈리시아 지방의 옥수수 보관창고 오레오

유도 있지만, 열 명도 넘는 사람이 우루루 몰려나가는 틈에 끼기 낀다는 게 선뜻 내키지 않아서였다. 혹시 서너 명이라면 모를까 그 많은 사람들과 어울리기는 싫었다. 더구나 그들 중에는 바로 사리아 알베르게부터 떠들썩하게 몰려다니던 그 여자들 그룹이 섞여 있었던 것이다.

아쉬운 표정이었지만, C 할머니와 J는 더 이상 강요하지는 않고 저녁을 먹으러 나갔다.

나는 9시가 넘어 잠이 들었던 것 같고, 그들이 돌아와 조금 소란해 잠이 깨었는데 시계를 보니 12시가 넘어가고 있었다.

셋째 날 (아름다운 만찬)

나도 일찍 일어나 그저 침대에 꼼짝 않고 누워있었는데, C 할머니는 6시 반경에 일어나 짐을 챙기더니 내가 일곱 시가 넘으면서 일어나 나오니까, 날더러 마드리드를 지나게 되면 자기에게 전화를 하라는 부탁을 했다. 그래서 나는

"오늘 길에서 만날 텐데요. 뭐…" 했다.

우리는 이미 어젯밤에 오늘 일정에 대해 얘기하면서, 아르까(Arca)는 너무 머니까, 산타 이레네(Santa Irene)에 가자는 말을 했었다. C 할머니는 자기도 그렇게 하고 싶지만 너무 멀어서 어쩌면 자기는 아르수아(Arzua)에 머물지도 모른다고 얘기했었다. 그렇지만 나는 오늘은 적어도 C 할머니와 웬만큼은 동행을 해 드리자고 이미 마음속으로 결정해둔 상태였는데, 아주 못 볼 사람처럼 그런 말을 하니 좀 멋쩍었던 것이다.

내가 준비하는 사이에 C 할머니는 밖으로 나갔고, 나는 어제 저녁에 먹다 남은 요구르트 두 개를 떠먹고 길을 나섰다. 밤새 시끄럽게 굴던 어린아이들(학교에서 단체로 주말을 이용해서 순례 경험을 하러 아이들이 와서 이층에 묵고 있었음)이 일어나 준비를 하고 있기에, 가능하면 그들과 거리를 두고 싶어서 나는 초반부에 10km 정도를 쉬지도 않고 걸었다. 그런데 앞서 가야 할 C 할머니 모습은 보이지가 않았다.

처음엔, 나보다 한참 전에 나가셨으니 그만큼의 거리가 있겠지 하

고 걸었으나, 10km가 넘어가면서는 '그 분은 멜리데 시가지 쪽을 통해 길을 걸은 것이 아닌가?' 하는 생각을 하게 되었다. 나는 알베르게를 나오자마자 바로 시 외곽으로 빠져나왔기 때문에, 서로 길이 어긋나면서 내가 앞섰을 가능성이 컸던 것이다.

리바디소(Ribadiso)를 지나며 보니 알베르게 문이 열려 있어서 들어가 보니, 관리자인 듯한 여자가 청소를 하고 있었다. 내가 조금 쉬었다가도 되겠느냐고 물었더니 그러라고 했다. 나는 거기 오레오(Horreo: 갈리시아 지방만의 독특한 옥수수 보관 창고)의 사진을 찍은 뒤 넓은 잔디밭 쪽으로 와 자리를 펴고 앉았다. 그리고 보까딜료를 만들어 먹었다.

웬만하면 이곳에서 하룻밤 묵고 가고 싶기도 했다. 여기 알베르게 주변 환경은 그 어느 알베르게보다 평화롭고 시원해서였다. 그러나 어서 빨리 이 길을 걷고 끝내고 싶다는 마음이 더 컸다.

내일 산티아고에 이른 시간에 도착하기 위해선 오늘 조금이라도 더 가 둬야 한다.

알베르게를 나오니 바로 오르막길이 이어지는데, 그 길을 오르면서는 C 할머니가 걱정스러웠다. 이런 길을 오르려면 상당히 힘드실 것이다. 젊은 남자인 나도 그런데…

17km 지점에 있던 아르수아를 지나며, 나는 만약을 대비해서 저녁거리를 장만했다. 내가 가려는 산타 이레네는 작은 마을이라 가게가

없을 것이기 때문이었다. 오늘은 어쩌 더 걷고 싶은 마음도 없었다. 내 심신이 많이 지쳐 있었던 것이다.

그렇게 아르수아를 빠져나오는데 저 뒤에서 J가 걸어오고 있었다. 그래서 뒤로 아르수아가 보이는 언덕에 내가 먼저 자리를 잡고 앉으니 그도 멈춰 섰다. 그래서 둘이는 첫날처럼 나란히 앉아 점심을 먹었다.

길가에 피어 있던 꽃

그때 J가 말했다.

어젯밤 C 할머니가 신문기자와 인터뷰를 할 때 옆에서 들으니, 신문기자한테 자기 같은 노인네한테 인터뷰를 할 게 아니라, 여기에 이 길을 두 번씩이나 걷고 있으면서 책을 낸 한 머리 좋은 한국인 화가가 있는데(?), 그런 사람이 훨씬 흥미진진하지 않겠느냐고 했다면서, 혹시 그 신문기자가 나에게 인터뷰 요청을 하지 않았느냐고 물었다. 물론 그런 일은 없었다. 나는 밖에 나갈 일이 있긴 했지만, 가능하면 다른 사람들과 눈을 마주치지 않으려고 노력했으니까. 어젯밤의 알베르게는 매우 산만하고 시끄러웠기 때문이다.

그 말을 들으니, 어쨌거나 C 할머니가 고마웠고 한편으론 놀라기도 했다. 내가 인터뷰를 하고 안 하고의 문제는 별개였지만, 나를 생각해 주는 그 마음 씀씀이가 아니 고마운가? 나는 상상하지도 못했던 일이었다.

길을 가는 C 할머니

　그러면서 J는 아마 신문기자가 내가 스페인어를 못 하는 줄 알고 영어로 인터뷰하기가 쉽지 않아 그냥 지나쳤을 거라고 하는 것이었다. 대부분의 스페인 사람들은 영어를 못 하기도 하지만 또 말하는 걸 꺼려하니까.
　글쎄, 꼭 그런 이유만이 아니었다고 해도, 나에게 인터뷰를 하지는 않았을 것이었다. 그들에게 내가 무슨 관심거리가 되기나 하겠는가? 그저 동양인으로 생김새가 다른 사람도 이런 길을 걷는다는 것을 조금 신기하게 생각하기는 하겠지만… 그리고 만약 나에게 인터뷰를 요청했다고 해도, 나는 받아들이지 않았을 것 같다. 처음 하까에선 엉겁결에 인터뷰도 했지만, 어쩐지 걸어오는 사이에 나는 다시 그런 일에 매력을 못 느끼는 원래의 내 자신으로 돌아가 있었던 것이다.

오후는 J와 동행이 되었다. 아르까까지 갈 생각이 없지는 않았지만, 산타 이레네까지 가는 것도 그리 쉬운 여정이 아니었다. 결국 우리는 산타 이레네에 짐을 풀었다.

전에는 이즈음에, 이제 나는 어디로 가나 하는 서글픈 마음이 지배적이었다. 그런데 이번엔 더 걸을 길을 정해놓아선지(나는 '은의 루트'를 걷겠다고 이미 결정했다.) 어서 이 길을 끝내고 싶은 마음만 간절하다.

거리는, 다시 반 이상이 줄어 이제 남은 건 20여 km. 아, 내일은 산티아고에 도착하는구나… 하는 생각이 들면서는 마음이 들뜨기도 했다.

샤워를 하고 2층의 넓은 침실의 제일 양쪽 끝에 하나씩 침대를 잡고 T셔츠 빨아놓았던 것을 전기 라지에타에 말리면서 J와 이런저런 얘기를 나누었다. 그러면서도 나는 이따금 창문 쪽으로 시선이 가고 있었다. 그랬더니 J가 "C 할머니를 기다리는 거지?" 하고 묻는 것이었다. "글쎄…" 나는 긍정도 부정도 하지 않았다. 그런데 분명 C 할머니를 기다리고 있던 나였다. 굳이 기다리고 있었다기보다는(자기에게는 너무 힘든 일정 같아서 아르수아에 머물지도 모른다는 얘기를 어제 했기 때문에…), '오늘도 여기까지 걸어서 도착할까?' 하는 호기심이 더 강했다는 게 맞는 말일 것 같다. 어쩌면 그 마음은 J도 마찬가지인 것 같았다.

저녁을 먹기 위해 차를 마시려고 물을 끓이면서 J와 식탁을 준비하는데 입구 쪽으로부터 익숙한 목소리가 들려왔다. 바로 C 할머니였다. 결국 그녀도 산타 이레네에 어둑어둑해질 무렵까지 걸어서 도착했던 것이다. 나(우리)는 감동하고 말았다. 할머니도 우리를 보고는 지친 몸에도 환한 미소를 지었고, 나는 우선 저녁과 함께 마시려고 준비 중이던 국화차를 한 잔 드렸다. 아직 접수중인 C 할머니 배낭을 들어다가 역시 우리 침대 가까이에 올려놓았고, J는 자기가 먹으려고 오면서 한 바에 들러 사온 치즈 보까딜료(C 할머니는 채식주의자로 초리소 보까딜료는 먹지 않지만 치즈는 드실 수 있다기에…)를 나눠 먹어야겠다고 했다.

　C 할머니가 샤워를 하고 돌아오는 사이, 우리는 전기 라지에타 옆에 탁자와 의자 그리고 주방에서 두 개의 접시를 가져다가 조촐한 보까딜료 저녁식사를 준비했다. J의 보까딜료를 반으로 잘라 C 할머니께 드리고, 내가 먹으려던 초리소 보까딜료를 역시 반을 잘라 J에게 주면서 나는 다시 배낭에 있던 참치 캔을 꺼내 빵을 얹어 먹음으로, 양적으로 부족함이 없는 식사가 되었다. 비록 '대단한 C 할머니'를 환영하기 위한 식사로는 형편없었지만, 게다가 무엇보다도 단 한 잔의 비노도 없었지만 (여기서는 살 수가 없었다.) 소박하고 아름다운 마음으로 하는 식사였기에 부끄러울 건 없었다.

　그래서 기분이 올라있던 나는 자청해서, C 할머니를 위해 하모니카를 불어보겠다는 제안을 했다. 이 길에선 처음 일이다. 그랬더니 둘이는 박수를 치며 환영했다. 아, 화려하진 않았지만 이런 만찬을 그 누가 아름답지 않다고 할 것인가.

유칼립투스 숲길의 C 할머니

마지막 날 (산티아고에 도착한 날)

   3시 반에 일어났다. 그리고 역시 다른 날처럼 침대에 누워 있다가 아무래도 안 되겠기에 5시 반쯤에 일어나 알베르게 1층 거실로 내려갔다. 그리고 글을 조금 썼다.
   그런데 누군가 위층에서 일어나 문을 여닫는 소리가 들려왔다. 그러다가 7시가 넘어서야 누가 내려왔는데, 바로 C 할머니였다. 출발할 준비가 다 된 듯 배낭까지 메고 있었다. 그러면서 날더러 또 마드리드에 오면 꼭 전화를 하라고 어제처럼 다시 한번 말을 했다. 그건 길을 걷다 보면 혹시라도 계획을 세워놓았던 것이 어쩔 수 없이 변경해야 될 일이 있을 것에 대한, 오래 사신 분의 만반의 준비였던 것이다.

그럼에도 불구하고 내가 오늘은 걸으면서 꼭 만날 거라고 하면서 문을 열어드리는데, 밖엔 안개비가 내리는지 뿌옇기만 했다. 나는 그 분의 파카에 달린 모자를 끄집어낸 뒤 머리에 씌워드렸다. C 할머니는 아직은 조금 어두운 안개 낀 아침길을 비척대며 걸어나갔다.

나도 바로 준비를 했다. 아직 J는 침대에 누워 있었고 같은 방향의 까딸란 가족도 일어나 떠날 준비를 하고 있었다. 나는 짐을 챙겨 알베르게를 나왔다. 8시 경이었다.

날은 조금 훤해졌는데 가는 비가 내리고 있었다. 노란 화살표를 따르니 숲으로 들어갔다. 그렇게 또 얼만가를 걸어가는데 저 멀리 안개 속의 숲길을 걸어가는 자그마한 노파의 모습이 눈에 들어왔다. 나는 거리를 좁혀나가다가 200m쯤을 남겨놓고는 다시 보폭을 줄였다. 그분과 어느 정도는 거리를 두어야 할 것 같아서였다.

어쨌거나 그 분이 이 길을 걷는 건 자신과의 얘기일 것이었다. 이 길을 걸은 뒤 건강을 체크하기 위해 의사를 만나리라던 그 분은 나름대로 여러 각오가 되어있을 터였다. 하루에 30km 정도를 걸어내는 걸로만 봐도, 그 분의 정신력과 체력은 놀랄 만한 것이었다. 그러니 내가 섣불리 그 분을 도와준답시고 나서는 것도(짐을 들어준다든지) 그분을 돕는 게 아니고 방해하는 일이 될지도 모를 일이었다. 엊그제처럼 길을 걷다가 어떤 난관에 부딪혔을 때 옆에서 약간 거들어주는 거야 괜찮겠지만…

그래서 나는 보폭을 줄이면서 그 분과 일정한 간격을 유지한 채 걷고 있었다.

산티아고 이정표 앞의 C 할머니

그렇게 안개 속으로 걸어가는 일흔이 넘은 노파의 모습을 지켜보는데, 갑자기 가슴이 울렁거려왔다. 어머니가 떠올랐던 것이다. 잠깐 내 시야가 몽롱해지기도 했다.

몇 개의 마을을 지나고 이제 산티아고가 15km가 남았다는 이정표 지점의 한 다리 난간에 C 할머니가 멈췄다. 나는 잠깐 망설이다가 그쪽으로 다가갔다.

"아, 여기서 다시 보게 되네, 문."

"예, 몸은 괜찮습니까?"

"예. 괜찮아요."

나는 오렌지를 꺼내 껍질을 벗겼다. 그리고 그 분께 반을 건네니, 출발한 지 얼마 되지 않아 한 바에 들러 아침을 배불리 먹었다면서, 내가 아침도 안 먹었을 테니 나나 많이 먹으라고 극구 사양했다.

사람의 향기 **283**

휴식을 끝내고 다시 출발하는데, 나는 다시 그 분을 앞세우고 100-150m 거리를 유지하며 천천히 뒤따라갔다. 그분은 언제나처럼 고개를 숙인 채 비척거리며 걸어나갔다. 이따금 그 길을 걷는 다른 사람들이 우리를 앞지르기도 했고, 중간에 휴식을 취하던 사람들을 우리가 앞지르기도 했다. 그럴 때마다 사람들은 C 할머니께 경의를 표하듯 반가운 얼굴로 말을 걸어오곤 했다. 내가 자신의 뒤를 따라오는 걸 아는지라, C 할머니는 어쩌면 조금은 든든했을지도 모를 일이긴 했다.

그러다가 산티아고 비행장 옆을 지나면서부터는 C 할머니와 같이 걷기 시작했다.

한 마을을 지나며 잠깐 휴식을 취하면서 나는 J의 핸드폰에 전화를 걸었다. 이 길 막바지에서 만나 며칠을 동행하게 된 우리 사인데, 최소한 셋이서 걷는 과정의 사진을 한 장이라도 찍어두고 싶어서였다. 그저 이렇게 산티아고에 도착하면, 그럴 기회도 만들지 못할 것 같아서였다.

그런데 J는 우리가 얼마 전에 지나왔던 비행장 부근을 걷고 있었다. 그가 서둘러 걸어오면 한 시간 안에 몬떼 도 고소(Monte do Gozo) 정도에선 우리가 만날 수 있을 것이었다.

다시 출발하여 걷는데, 몬떼 도 고소까지는 몇 개의 고개를 지나야 했다. 그 지점에 이르자 C 할머니도 지친 모습이 역력했다. 그래서 나는 그 분 뒤에서 조금씩 밀어드렸다. 그런데 그 분은 싫지 않은 듯 웃기만 할 뿐 별 말은 없었다. 가쁜 숨을 몰아쉬는 것을 봐서는 말을

갈리시아 TV 방송국 인터뷰하는 모습 　　　　　세 동행인이 한 자리에

하는 것도 힘에 겨울 터였다. 그렇게 또 얼마를 가는데, 저 앞에선 카메라를 들이밀며 취재를 하는 텔레비전 방송국 사람들의 모습이 보였다. 취재차 나온 그들은 고바위에서 오르막길을 걸어오는 사람들을 찍고 있었는데, 당연히 우리도 카메라에 잡히는 것 같았다. 그래서 나는 고개를 푹 숙이고 내 모습을 보여주지 않으려고 애썼다.

그런데 결국 여자 리포터가 C 할머니가 걸어 올라오는 것에 감동한 나머지 인터뷰를 요청했고, 나는 '그럼, 저쪽에서 기다리고 있겠다.'고 할머니께 말하며 그 자리를 피해 주었다.

인터뷰가 끝나고 다시 갈리시아 TV 방송국을 지나면서 잠깐 쉬는데, 저 멀리에서 한 사람이 나타났다. J였다. 내가 예상했던 대로 우리는 셋이서 몬떼 도 고소 기념물에 같이 오를 수 있었고 사진도 함께 찍을 수 있었던 것이다.

이제, 저 멀리로 산티아고가 보였다.
우리는 마음 편하고 느긋하게 산티아고를 향해 내려가기 시작했다.

몬떼 도 고소 조형물 앞에서

거기서 나는 다시 한번 스페인 사람을 생각하는 계기를 갖게 되었는데…

요 며칠 동행이 됐던 J는 자기 부모님과 함께 살아선지, C 할머니를 아주 극진히 공경하는 모습이었다. 노인을 보살피거나 대하는 태도가 몸에 저절로 배 있듯이 자연스러웠다. 나는 그런 그의 모습이 퍽 좋아보였다.

인간적으로도 그는 좋은 사람인 것이 분명한 것 같았지만, 어른을 공경하는 그런 모습에서 나는 그에게서 더 짙은 인간미를 느끼고 있었다. 그것은 일종의 '존경'이기도 했다. 그런 사람들과 동행이 되어 걸어가는 건 기쁨이자 행복이기도 했다.

아, 이 세상 어디서건 사람이 살아가는 건 이런 맛이 있는 건데…

비록 인종은 달라도, 이렇게 마음 맞고 편한 사람들과 함께 하는 건 축복일 수도 있다. 나는 그들이 마치 내 가족 같다는 생각까지 들었다.

산티아고 시내에 접어들면서 우리 셋은, 아무래도 점심을 먹은 다음에 대성당에 도착하는 게 나을 것 같다는 의견에 일치했다. 그러자 공교롭게도, J는 내일이 자기 영명축일(Santo: 카톨릭 국가인 스페인 사람들은 영명축일을 생일 못지않게 기념하면서 즐김.)이라며, 산티아고에 도착하는 기념도 겸한 점심을 사겠다고 제안을 해왔다. 그러자 C 할머니는 어제 저녁도 우리한테 얻어먹고 또 이렇게 친절도 베풀고 있는 우리 둘에게 그렇잖아도 점심을 사려고 마음먹고 있었다면서, 자기가 사겠다고 나섰다. 그렇게 두 사람이 서로 점심을 사겠다고 하다가, 결

산티아고 시내 진입로

국 J가 사는 걸로 했다. 그러자 C 할머니는 저녁을 사겠다고 했다. 그래서 우리는 저녁식사까지 예약(?)을 해 놓았던 것이다.

그럼, 나는 뭐지? 하모니카나 불어주는 가난한 겨울 베짱이?

도심에 들어서면서 한 건설 현장의 노무자에게 물어 한 식당을 추천 받아서(그런 사람을 통해서 식당을 잡는 것이 맛있고 값싸다는 걸 잘 아는 내가 나서서 그렇게 했음.) 우리는 식당으로 들어갔다. 역시 예상은 적중되어 식당의 음식은 매우 맛있었고, 우리는 만족한 상태에서 어젯밤엔 이룰 수 없었던(?) 비노를 곁들인 점심을 맛있게 먹었다.

이제 술이 취하든, 피곤해서 걷지 못하든… 그런 건 별 문제가 되지 않았다. 바로 우리가 있는 곳이 '산티아고'였으니까…

셋이서 천천히 대성당을 향해 걸어갔다. 셋 중에서 가장 많이 마셨던 나는, 술기운에 기분이 좋았지만 술 먹고 성당에 들어가는 게 결례 같아 그들과 함께 대성당엔 들어가지 않을 수도 있었다. 그렇지만 지금 나와 함께 하는 사람들이 너무나 인간적이고 좋은 사람들인데, 그들과 함께 한다면 아무리 내가 술이 취했다고 해도 오늘만큼은 허용될 것 같다는 만용도 생겼다. 물론 지난번 처음 이 길을 걸어왔을 때도 나는 대성당 안에는 들어가지 않았었다. 다만 정오미사를 하는 그 옆 부속 성당만 들렀다가 미사 중에 슬그머니 빠져나온 것에 불과했다. 그런데 오늘은 달랐다. 나도 좋은 사람들과 함께 그곳에 들어가 보고도 싶었던 것이다.

대성당에 들어가 산티아고 성인의 무덤에 참배하고 또 줄을 서서 올라 미사 제단의 성인의 등에 손을 얹거나 포옹으로 경배하기도 했다. 그리고 대성당 정문 들어오는 곳에 손을 대고(수도 없는 사람들이 손을 얹고 기도를 하는 바람에 손가락 자국이 움푹 파여 있었다.) 소원을 빌었다. 하기야, J가 날더러 소원을 빌어보라고 했을 때에도,

"소원? 무슨 소원?" 하긴 했었다.

사실, 그것도 나에겐 우스운 얘기였다. 그렇지만 '무슨 소원을 빌어야 좋을까?' 하는 생각은 했다. '어차피 내가 빈다고

산티아고 대성당 안으로 들어가는 동행들

소원이 이뤄질 건 아니니까…' 하다가 또, '이 세상에 평화와 평등을 달라.'는 짧은 소원을 빌기로 했다. 그러면서도 좀 멋쩍긴 했다.
  소원은 무슨 소원?

이 구교국인 스페인 사람들도 그런 기도를 하지 않을까? 한두 명도

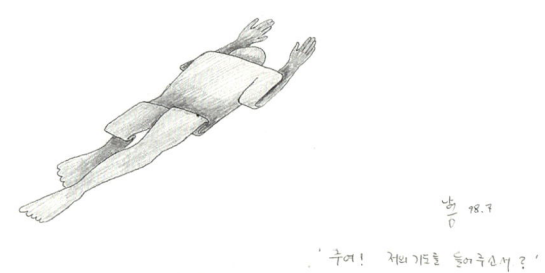

〈주여! 저의 기도를 들어주소서?〉, 1998, 연필, 펜

아닌 사천만 명이나 되는 사람들이… 그럼에도 불구하고 얼마 전 마드리드 기차역 폭발사건 같은 테러도 있잖은가 말이다. 그 무고한 사람들이 예고도 없이 한 순간에 목숨을 잃고, 그 사람들의 가족들은 또한 평생 그런 아픔을 안고 살아갈 것이다. 멀리 갈 것도 없이.

나같이 그 멀리서 온 동양 사람이 그런 기도를 한다고 해서, 정말 그런 일이 안 일어나리라고는 믿지 않는다. 기도 한다고 그런 일들이 안 벌어진다면, 어디 이 세상에 그런 일들이 단 한 번이라도 일어나겠는가 말이다.

나는 이미 그런 일마저도 냉담해지는 교활함(?)을 가지고 있는지도 몰랐다.

그리고 우리는 증명서를 받기 위해 순례자 사무실로 향했다. 가는 길에 나는 대성당 앞 광장에 가서 사진 몇 장만 찍고 가겠다며 그들을 먼저 보냈다. 그리곤 나 혼자만의 의식을 하기로 했다.

우리보다 하루 먼저 도착한 다른 동행들

산티아고 알베르게에서 다시 만난 독일인과

〈눈부신 산티아고 광장〉, 2004, 수채

　대성당 앞 광장 구석 자리에 가서 배낭과 신발 등을 벗었다. 그리고 그것들을 가지런히 모아놓고는 사진 한 장을 찍었다.
　그리고 끝이었다.
　이제 '산티아고 가는 길'은 끝난 것이다.
　이게 끝이라면, 뭔가 그럴싸한 것이 있어야 할 것 같기도 했는데 오늘은 술기운이 올라 있어 뭐, 이 정도면 괜찮은 것 같기도 했다. 아무리 그렇다고는 해도, 그래도 뭔가 아쉽기도 하고 허전하기도 하고… 해야 할 것만 같은데, 어째 그런 기분도 들지 않았다.
　나는 바로 사무실로 돌아가 기다리고 서 있다가 증명서를 받았다. 그러면서 증명서를 받고 있는 사람들의 얼굴을 죽 훑어보았다. 그런데 그들 모두의 얼굴에서 심각함 같은 건 전혀 찾아 볼 수가 없었다. 아니, 심각한 건 고사하고 그저 밝은 후련함이랄까? 그런 것만 보이는 것 같았다.

내가 그랬으니까…

뒷얘기

이 길을 끝낸 뒤 나는 때마침 바르셀로나에 사는 스페인 친구 마놀로가 휴가차 고향(갈리시아 지방 뽄떼 베드라)에 와 있는 기회를 이용해서 이번에도 며칠을 그 집에 머문 뒤, 다시 '은의 루트'로 출발했다.

그리고 열하루 동안 메리다(Merida)에서 살라망까(Salamanca)까지 약 300km의 구간을 걸었다. 그런 뒤 한국으로 돌아오기 위해 바르셀로나로 가는 도중에 마드리드에 들렀는데…

거기서 C 할머니, J, 그리고 그 전에 만났던 J Ma를 비롯한 길에선 내가 피해 다녔던 다른 그룹의 사람들과 다시 만나, 흐뭇하고 즐거운 저녁식사 기회를 가졌다. (거기서 난 다른 그룹 사람들의 사진을 받았고, 멜리데에서 그들과 식당에 함께 가지 않았던 것을 후회했다.)

그런데 알고 보니 C 할머니는 2년 전에 유일하게 남아 있던 친 언니마저(아일랜드의 수도 더블린에 살았다고 함) 잃고, 이제는 이 세상에 단 한 사람의 피붙이조차 없이 홀로 살아가는 일흔 여섯 살의 노파였다.

그 다음 날(2004. 4. 3) 나는 바르셀로나로 떠나왔는데…

굳이 길까지 따라 나오던 신시아 할머니는, 점심 값이라도 하라며 나에게 지폐 몇 장을 건네주었다. 그래서 깜짝 놀라며 사양했는데, 할머니는 그 돈을 내 손에 꼭 쥐어주기까지 하는 것이었다. 마치 한국 할머니들이 그러는 것처럼…

(그런데 지금, 그 분은 살아 계실까? 그 뒤로 몇 번 편지를 띄웠으나, 컴퓨터를 다루지 못하는 노인이어서 지금은 연락이 끊긴 상태다.)

산티아고 대성당의 눈부신 모습

길을 끝내며

산티아고 대성당 앞에서

별 의미를 두지 않으려 했다. 그리고 그 생각은 지금도 마찬가지다. '산티아고'는 그저 거기에 있을 뿐, 내가 찾아 나선 산티아고는 하나의 허상(虛像)일지도 모른다. 걷다가 그만둬도 되고, 아니면 다음에 이어서 걸어도 되고, 며칠 쉬었다가 생각날 때 다시 걸어도 되고… 나에겐 다만, 산티아고를 다시 오기 위해 준비하고 또 두 달 정도를 걸어 도착하는 과정이 있었을 뿐이다.

그렇다고 이 길에 대한 가치마저 희석시키려는 건 아니다. 그리고 그럴 이유도 없다. 내가 어떻게 생각하든 이 길은 존재할 것이고, 또 많은 사람들이 이 길을 걷기 위해 이 세상 어딘가에서부터 떠나올 것이니까…

물론 내 개인적으로도 여기까지 오는 과정엔 이런저런 어려움이 있었다. 더구나 이번 겨울 길엔 바르셀로나에서 지갑을 털리는 등 시작조차 하지 못할 긴박한 위기상황에 처하기도 했다. 그러나 이역만리 먼 곳에서 길을 떠나왔던 나는 돈이 없다는 이유 하나만으로 그 당장 길을 포기할 수는 없었다. 그리고 이미 웬만한 일은 다 감수할 각오도 돼 있었던 나는, 어쩌면 길을 떠나는 과정에서 생긴 그런 일은, 아니 그보다 더 어렵고 힘든 일이라 했을지라도 감수하려고 애썼을 것이다. 애당초 한가하게 바람 쐬며 걷기 위해 길을 떠나왔다면서 시작한 일이지만, 비록 돈 때문에 그 한가해야만 할 길이 고생길로 바뀌긴 했지만, 그 고생길이 겁났다면 아마 시작하지도 않았을 것이다. 나는 어차피 베짱이 과(科) 사람인데다, 웬만한 모험엔 겁내지 않는 멀뚱함도 가지고 있는 사람이니까.

돌이켜 생각해 보면 물론 돈을 잃어서 길을 걷는 중에 어려움이 많긴 했다. 애당초 쉽기만 하리라고 생각하지는 않았지만, 추운 겨울 여정에 더욱 초라하고 처량한 신세로 전락했던 것도 사실이다. 그렇지만 그것마저도 이 길에서 겪을 일이라면 하는 데까진 해볼 생각이기도 했다. 설마 죽기야 하겠는가 하는 심정이었다.

그런데 지금 나는 바로 산티아고 대성당 앞에 서 있는 것이다.

그런 걸로 보면, 이 길을 다시 한번 걸어보겠다는 의지도 있었고 또 시작을 했으니 길을 끝내기는 해야 한다는 나 나름대로의 책임감이나 강박관념은 있었던 것 같다. 누가 하라고 시킨 것도 끝내야 한다는 의무나 누구에게 약속한 일도 없었는데…

그러면서 생각해 보니, 지갑을 잃어버린 뒤 가장 경제적인 비용으로 이 먼 길을 꿋꿋이 걸어낸 것이 내심 뿌듯하게 마음에 다가오는 것도 숨길 수는 없다. 사실 돈 개념이 희박한 나는 정확하게 얼마의 돈이 최소한의 비용인지는 여전히 모른다. 그건 사람에 따라 달라질 수도 있을 테니까… 그렇지만 내 딴에는 더구나 이번 겨울 길에서는, 없는 형편에 아끼고 아껴서 이 길을 걸어왔다. 그리고 용하게도(?) 길을 다 마쳤다. 그러면서도 몸은 더욱 건강해진 느낌이니, 정말 뭔가를 공짜로 얻은 기쁨도 있는 것이다. 그래서 차라리 행복하기까지 하다.

어디 그뿐이랴? 나는 이것도 모자라 산티아고 성당 앞에 서 있는 지금 애당초 기대하지 않았던 저 남쪽 지방의 '은의 루트'를 다소간 더 걸어볼 계획까지 세워놓았으니… 산티아고 목적지에 도착했다고 감상에 젖는 일에서도 좀 시들해진 것 역시 사실이다. 그건 어쩌면 보너스일지도 모른다는 생각도 든다.

나와 겨울 길을 함께 했던 물건들

어쨌거나, 내가 원해서 한가한 길을 걸어보려고 왔다가 정말 한가한 겨울 길을 걸었고, 이번엔 오히려 막바지에 좋은 동행과 만나 또 다른 인간미를 느끼기까지 하잖았는가 말이다.

그리고 아직도 한가하게 걷지 못했던 불만이 있다면(거기에 미련이 남아 있다면) 앞으로 저 '은의 루트'를 걸으며 느끼면 될 것이니(거기는 여기보다 훨씬 한적하다고 하니) 그것에 대한 불만도 없다.

그러면 됐다.

이번엔 만족이다. 오히려 산티아고에서 허전해 해야 하는 마음이 아닌 게 이상할 정도로, 나는 지금 행복한 상태다. 더구나 그 걱정스

〈껍데기〉, 2004, 수채

럽고 불안했던 출발에 비한다면 이루 말할 수 없을 정도다.

인간지사 새옹지마고 또 맘먹기에 달렸다잖은가 말이다…

아무튼 나는 지금 이 '산티아고 가는 겨울 길'은 끝을 낸 것이다. '바람 쐬러' 왔다고 사이사이에 말했듯이, 적어도 바람 한번 잘 쐬지 않았는가? 남들은 살아가려고 열심히 일하는데, 여전히 베짱이처럼… 더구나 황량하고 쓸쓸한 겨울 길에서…

그러니, 어쩐지 그 보이지 않는 짐(?)에서 벗어나고 있는 후련함에 나는 행복하기까지 하다.

아, 지금은 그저 아무 꿈도 꾸지 않는 편안한 잠이나 잤으면 좋겠다. 내일은 걸을 일이 없으니까.

그래! 적어도 오늘 만큼은 나도 마음을 다 풀어놓고 술이라도 한 잔 마신 뒤, 죽음보다 깊은 잠을 자보자.

아무도 알아주지 않는다 해도, 그리고 정말 겉으로 드러난 게 아무 것도 없다 해도…

그 이후에 걸었던 '은의 루트'의 한 풍경